U0449586

直播销售实战攻略

陆震 王维 谢恒义 左左 著

中国科学技术出版社

·北京·

图书在版编目（CIP）数据

直播销售实战攻略 / 陆震等著 . —北京：中国科学技术出版社，2022.6
ISBN 978-7-5046-9569-7

Ⅰ . ①直… Ⅱ . ①陆… Ⅲ . ①网络营销 Ⅳ . ① F713.365.2

中国版本图书馆 CIP 数据核字（2022）第 086580 号

策划编辑	申永刚　龙凤鸣
责任编辑	龙凤鸣
版式设计	蚂蚁设计
封面设计	马筱琨
责任校对	邓雪梅
责任印制	李晓霖

出　　版	中国科学技术出版社
发　　行	中国科学技术出版社有限公司发行部
地　　址	北京市海淀区中关村南大街 16 号
邮　　编	100081
发行电话	010-62173865
传　　真	010-62173081
网　　址	http://www.cspbooks.com.cn

开　　本	880mm×1230mm　1/32
字　　数	213 千字
印　　张	10.125
版　　次	2022 年 6 月第 1 版
印　　次	2022 年 6 月第 1 次印刷
印　　刷	北京盛通印刷股份有限公司
书　　号	ISBN 978-7-5046-9569-7/F・1007
定　　价	59.00 元

（凡购买本社图书，如有缺页、倒页、脱页者，本社发行部负责调换）

序一

新动力 新生态 新发展：
中小企业能办大事！

首先，我对这本服务于企业，尤其是中小企业的书籍的出版表示祝贺，希望这本书中对直播内容的介绍能够为企业发展带来帮助。

中国有数千万家企业，中小企业占了很大部分。这些中小企业的蓬勃发展，解决了大量的就业问题。从这个角度讲，为中小企业做好服务，本身就是一项了不起的公益！

中国生物多样性保护与绿色发展基金会创会理事长胡德平同志曾任中华全国工商业联合会党组书记，多次殷切教诲，要求我们搭好平台，做好服务，为中小企业的发展提供更多优质资源和助力。因此，在获悉本书即将出版并应邀为本书作序之时，我甚为迫切地想与大家共读此书，学习互勉。

20世纪90年代我们提出光彩事业，大量中小企业都积极响应并参与进来，在全国掀起巨大的浪潮，为促进我国西部发展、先富带动后富发挥了巨大作用。

不过，我们同样也要意识到企业发展不易，中小企业发展更难：在融汇资金、吸纳人才、竞争力度、社会信任等方面，每一个中小企业发展过程中遇到的困难总是不断的。因此，中小企业的发展也更需要来自社会各方面的助力，包括提供新科技、新的学习资料。

"十四五"期间，数字化、网络化、智能化，将深刻演绎出新时代数字中国建设的蓬勃与美好，中小企业身处其中，只有顺势而为，才有可期的未来。这本书为中小企业的数字化转型提供了实用的技术"加持"，希望能为更多企业的发展带来可供借鉴之处。

每个中小企业都有各自特点，每项技术和工具也不是万能的，不一定适用于每个企业，但我非常希望大家能够认真阅读这本书，学习其中的技巧，并积极尝试，在不断的实践中探索出一条最适合自身发展的道路。希望每个中小企业在低头走路的同时，也不忘规划未来，将书中介绍的技能内化为前行的力量。

中小企业是真正使我国经济实现全面发展、科学发展、高质量发展的生力军。我国大力提倡创新创业创造，这既离不开中小企业，也给中小企业发展提供了很多机会和很大的空间——这是一个充满机遇的新时代。

好书添助力，期待本书能服务好广大中小企业。最后感谢为本书的出版做出贡献的每一位作者、资助者和支持者。

周晋峰
中国生物多样性保护与绿色发展基金会副理事长兼秘书长
第九、十、十一届全国政协委员
第九、十届中华职教社副理事长
世界绿色设计组织副主席
罗马俱乐部执委会委员

序二

直播销售
正在改变我们的世界

直播不仅是媒体人传播信息的渠道，也是创业者青睐的营销方式。随着直播行业的不断发展，直播已经不再局限于专业领域，而是走进百姓的日常生活中，并且催生了很多新兴的职业岗位和就业方式，如互联网营销师、在线学习服务师、直播销售主播、社群健康助理员和知识传播博主等。尤其是直播销售主播，其岗位需求越来越多，因为越来越多的创业者、实体店经营者或商家都会邀请直播销售主播或自己培训直播销售主播做直播销售，通过这种销售方式提升业绩，打造品牌IP。这种发展趋势表明，直播销售正在开启新零售、新商业、新经济和新生活。

《直播销售实战攻略》的4位作者及策划创作人员本身就是创业者，是对直播销售的发展有着独特感受和见解的亲历者、开拓者和见证者。作者在书中梳理了直播销售的底层逻辑和主播销售与成交的技巧等内容，旨在帮助企业直播销售的主播提升自身的销售与成交能力，进而提高直播销售的业绩。

本书包含理论基础和实战攻略2个部分。

理论基础部分主要是介绍直播销售的底层逻辑，侧重对企业实施直播销售的思考和认知，包括直播销售的概念、人设逻辑、选品逻辑、场景逻辑和策划逻辑等5个方面的内容。

实战攻略部分侧重分享直播销售的策略和技巧，在行动层面全流程拆解一场直播的销售动作，从播前预热、开播热场、商品推介、引爆成交、直播复盘、私域流量运营等6个方面分享直播过程中如何促进销售和成交。另外，还对直播在互联网、大数据、人工智能和数字化转型中的商业秘密、知识产权、数据安全、隐私保护等方面带来的问题做了相应的剖析和建议。

本书结构清晰、理论丰富、案例翔实、技巧实用，拥有一套完善、系统的直播销售的实战性方案和操作技巧，对企业开展直播销售的主播、相关人员以及创业者有参考借鉴意义和实用价值。

希望有更多的读者朋友从本书中受益，能够引发思考、开阔视野、提高技能，从而做好直播销售。直播销售正在改变我们，正在革新我们的认知，正在重塑我们的生活和世界。我们也在用自己的努力和智慧创造直播销售行业更加灿烂的未来！

王国成
中国社会科学院数量经济与技术经济研究所研究员
中国社会科学院大学教授、计算社会科学研究中心主任
炎黄英才研究院院长

前言 PREFACE

2020年,直播行业迎来新的发展机遇,直播销售模式成为企业销售的新爆点。毕马威和阿里研究院联合发布的研究报告显示,仅在2020年上半年,全国电商直播就超过1000万场,相当于每天有5万多场直播,越来越多的企业开始转战并积极布局直播销售。尤其是一些线下销售市场面临着激烈竞争压力的中小企业,更应该抓住这个新的机遇,顺势而为。

但是,新的机遇背后往往伴随着挑战,一些企业,尤其是中小企业在转战直播销售领域的路上遇到了各类大大小小的困难,直播销售不但没有帮助企业提高商品的销量,反而增加了企业的经营成本。

对于中小企业来说,直播销售到底带来了哪些机遇呢?资本、资源、人力都不占优势的中小企业又该如何突破困境,把握住直播销售的机遇,实现新的业务增长呢?本书基于对这些问题的思考,结合几位作者在直播销售领域的探索和实践,从直播销售的底层逻辑、直播销售的策略和技巧2个部分,为企业,尤其是中小企业做好直播销售提供了全面的指导。

第一部分是直播销售的底层逻辑,包括第1章至第5章。

第1章,从直播销售的基本概念切入,详细、全面地介绍直播销售的本质、内核、商业模式、思维模式、新趋势以及直播销售的风险分析和规避技巧。

第2章,直播销售需要技巧,更需要一个具有超级影响力的IP,所以企业要想做好直播销售一定要了解并掌握人设逻辑。本章主要介绍直播间里的IP和人设,具体内容包括树立"IP思维"、人设定位、人设呈现、人设养成以及人设引爆。

第3章,直播销售的主角是商品本身,只有选对商品才能实现高转化率。本章详细、系统地介绍选品的4个步骤、选品规划、根据商品类别做好库存配置、关联销售、做一张商品说明表等与选品相关的内容。

第4章,场景是直播销售的三要素之一,也是影响商品转化率的关键因素。本章具体地介绍场景逻辑的内容,包括平台选择、场地选择、场地布置、直播分工、直播设备以及直播网络。

第5章,任何一场有吸引力、高质量的直播都是精心策划出来的。本章从设定目标、圈定日期、打造卖点、设计主题、拟定标题、设计封面图、设计直播的内容与形式以及梳理直播流程、撰写直播脚本等几个方面具体地介绍直播销售的策划逻辑。

第二部分是直播销售的策略和技巧,包括第6章至第11章。

第6章,直播销售能否成功的关键在于直播间能否汇聚大量的流量。汇聚流量的第一步是做好播前预热的工作。本章详细地介绍直播销售预热的6个策略和技巧,具体为提前预热、预热的内容、预热的策略、预热的物料、预热的时间以及预热的渠道。

第7章,"好的开始是成功的一半",直播销售开播的时候能否成功热场在一定程度上决定了直播间的流量以及商品的转化率。本章结合实际案例详细地介绍开播热场的7个方法,具体为开场白、音乐热场、聊天互动、分享主题、预告福利、积攒人气以及发红包或抽奖。

第8章,商品推介环节是直播销售的重头戏。只有掌握商品的推荐方法,并在这个环节释放能量,才能为商品转化蓄势。本章系统地介绍商品推介的7个步骤:介绍商品的基础信息、介绍商品的购买方法、介绍商品适用人群、介绍商品可以解决用户什么问题、介绍商品的使用方法和效果展示、介绍商品在直播间的优惠价以及介绍商品的售后问题。

第9章,直播销售的最终目的是将商品成功地销售出去。本章具体介绍引爆成交的4个技巧:行为引导、心理引导、价值引导以及氛围引导。

第10章,养成直播复盘的好习惯,不仅可以查缺补漏,发现直播销售中存在的问题,还能够从中找到提升直播效果的方法。本章具体介绍直播复盘的4个步骤:数据分析、搜集用户反馈、提出改进方案、做好复盘记录。

第11章,企业要想做好直播销售还应当通过一些方式和渠道沉淀私域流量,做好私域流量运营。本章从私域流量的概念切入,介绍7个私域流量运营的方法,包括引导关注个人微信或企业微信、建立粉丝社群、运营视频号、分层运营、设立"首席聊天师"岗位、建立"私域增长能力模型"以及私域直播。

本书旨在帮助企业，尤其是中小企业借助直播销售突破销售困局，提升业绩，提高品牌知名度。为此，本书在创作的过程中，结合了大量的真实案例，总结了很多极具实操价值的技巧和方法。希望本书能为正在因如何进军直播销售领域而迷茫或者在直播销售实践中遇到困难的读者，提供一些经验借鉴和案例参考，使读者找到适合自己的直播销售之路。

目录 CONTENTS

第一部分 直播销售的底层逻辑

第1章 直播销售：企业销售的新爆点 / 003

1. 直播销售：重新定义"人、货、场" / 004
2. 直播销售的本质：释放流量购买力 / 009
3. 直播销售的内核：优质的内容 / 012
4. 直播销售的商业模式：S2B2C模式 / 014
5. 直播销售的思维模式：买量思维 / 018
6. 直播销售的新趋势：社区直播 / 022
7. 直播销售的风险分析和规避技巧 / 028

第2章 人设逻辑：直播间里的IP和人设 / 033

1. 树立"IP思维"，打造直播间里的IP / 034
2. 人设定位：提炼特点优势，打造主播人设 / 039
3. 人设呈现：直播人设的"装修"技巧 / 047
4. 人设养成：从公域到私域的持续性 / 051
5. 人设引爆：设计专属的记忆点和传播点 / 056

第3章 选品逻辑：商品本身 + 平台定位 + 主播人设 / 061

1. 选对商品才能实现高转化 / 062
2. 选品的4个步骤 / 066
3. 六维分析法：将什么商品销售给什么人 / 070
4. 选品规划：对商品进行分类和定位 / 076
5. 根据商品类别做好库存配置 / 080
6. 关联销售：商品的套餐组合设计 / 083
7. 做一张商品说明表 / 087

第4章 场景逻辑：直播平台与场地的选择和设计 / 091

1. 平台选择：流量大的不一定是适合的 / 092
2. 场地选择：选择合适的销售场所 / 096
3. 场地布置：既要让用户看着舒服，又能激发信任感 / 102
4. 直播分工：直播间的三大角色和分工 / 107
5. 直播设备：根据直播方式准备必需的设备 / 111
6. 直播网络：做好网络的调试，确保直播流畅 / 118

第5章 策划逻辑：每场直播都需要一个主题 / 123

1. 设定目标：通过这场直播企业可以获得什么 / 124
2. 圈定日期：找到利于成交的时间点 / 129
3. 打造卖点：本场直播的亮点是什么 / 133

4. 设计主题：用户、商品、时节和活动 / 137

5. 拟定标题：突出直播内容，吸引观众点击观看 / 141

6. 设计封面图：突出主题内容的特色 / 145

7. 设计直播的内容与形式 / 150

8. 梳理直播流程，撰写直播脚本 / 153

第二部分　直播销售的策略和技巧

第6章　播前预热：多渠道推广，快速蓄积流量 / 161

1. 提前预热，为直播间导流 / 162

2. 预热的内容：时间、主题、福利 / 165

3. 预热的策略：福利、悬念和直接邀请 / 167

4. 预热的物料：文案、图片、短视频 / 171

5. 预热的时间：流量范围的预热时间点 / 175

6. 预热的渠道：直播预热的四大触点 / 179

第7章　开播热场：互动暖场，提升直播间人气 / 183

1. 开场白：一开口就吸引用户的热场策略 / 184

2. 音乐热场：活跃直播间的气氛 / 186

3. 聊天互动：每个用户都需要存在感 / 190

4. 分享主题：留住有精准需求的用户 / 194

5. 预告福利：用好处留住用户 / 198

6. 积攒人气：引导用户点赞、转发、关注 / 201

7. 发红包或抽奖：调动用户的积极性 / 205

第8章 商品推介：七步展示法，为出货转化蓄势 / 209

1. 第一步：介绍商品的基础信息 / 210

2. 第二步：介绍商品购买的方法 / 213

3. 第三步：介绍商品适用人群 / 220

4. 第四步：介绍商品可以解决用户什么问题 / 224

5. 第五步：介绍商品的使用方法和效果展示 / 227

6. 第六步：介绍商品在直播间的优惠价 / 231

7. 第七步：介绍商品的售后问题 / 235

第9章 引爆成交：临门一脚，引导用户立刻购买 / 241

1. 行为引导：54321倒数，发出购买指令 / 242

2. 心理引导：把非刚需商品变成刚需商品，
   击中用户的潜在需求 / 245

3. 价值引导：让用户为商品的价值感付费 / 249

4. 氛围引导：便宜氛围 + 稀缺性氛围 + 抢购氛围 / 253

第10章 直播复盘：回顾总结，放大每一次直播的价值 / 257

1. 数据分析，看到整场直播的短板和优势 / 258
2. 搜集用户反馈，发现直播待优化的问题 / 263
3. 提出改进方案，针对性地解决问题 / 266
4. 做好复盘记录，方便随时查看 / 270

第11章 私域流量运营：流量沉淀，驱动销量爆发增长 / 273

1. 私域流量：从用户到粉丝的转化 / 274
2. 引导关注个人微信或企业微信 / 277
3. 建立粉丝社群，促进裂变拉新 / 281
4. 运营视频号，让流量持续变现 / 285
5. 分层运营：设计不同的用户运营策略 / 290
6. 设立"首席聊天师"岗位，和用户保持高质量互动 /294
7. 建立"私域增长能力模型" / 299
8. 私域直播：企业利润增长的利器 / 304

第一部分
直播销售的底层逻辑

在对直播销售没有建立正确认知的前提下，企业就贸然进入直播销售领域，不但无法获利，甚至还会遭受严重损失。所以，对于想要进入直播销售领域的企业而言，在做直播销售之前，应当了解清楚直播销售是什么以及为什么要做直播销售，即要摸清直播销售的底层逻辑，掌握其中的规律。

第 1 章 直播销售：
企业销售的新爆点

直播销售一方面有助于盘活资源，提高用户留存率，另一方面能够打开新的获客渠道，为企业带来更多的市场机会。尤其是对于缺乏经验、资源、获客难的中小企业来说，直播销售为他们打开了一扇新的大门，带来了销售的新爆点。

1. 直播销售：重新定义"人、货、场"

2020年初，直播销售呈现出井喷式的发展。阿里巴巴公布的数据显示：2020财政年度，淘宝直播产生的成交总额（Gross Merchandise Volume，GMV）超过了4000亿元。2020年11月12日，淘榜单发布的《天猫双11淘宝直播商家数据报告》显示，过去12个月，参与直播的商家数量增幅超过了220%。从这些数据不难看出，直播销售已经成为电商平台的新增长点。在这种形势下，越来越多的企业、主播开始加入直播销售行业。

直播销售为什么发展如此迅猛？是因为主播的颜值高、销售能力强？或是因为销售的产品质量好、价格低廉？还是因为新鲜的购物方式满足了消费者的猎奇心理？其实这些都不是最本质的原因。仔细探寻，我们会发现<u>直播销售发展迅猛的本质原因是它重新定义了零售最基本的3个要素：人、货、场</u>。

传统零售是"货、场、人"模式，其中"货""场""人"分别指产品、销售渠道和消费者，营销模式是先有产品，然后去找销售渠道，最后再销售给消费者。简单地说，传统零售的营销模式是一个"人找货"的过程。

直播销售将传统零售的"货、场、人"模式变成了"人、货、场"

模式，即由"人找货"的营销模式升级为"货找人"的营销模式，如图1-1所示。

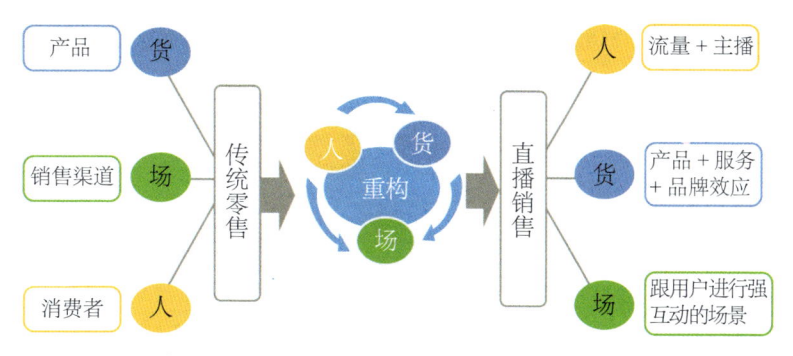

图1-1 直播销售将零售最基本的3个要素重新定义成"人、货、场"

（1）人：流量+能够输出专业内容的主播

直播销售中的"人"不再只是指传统零售中的消费者，这里的"人"有两重含义。

一是指流量（含消费者在内的用户）。消费者也就是传统零售中的消费者，对产品有需求且有可能会购买产品的人。用户是指观看直播的人，不仅包含会购买产品的消费者，也包含只观看直播没有购买需求的普通用户，这些人只是潜在的购买者。所以，我们将含消费者在内的用户统称为流量。我们可以通过一些方法和技巧将这些流量进行转化、变现。

二是指能够输出专业内容的主播。主播通过直播可以将对产品感兴趣的目标用户以及还在观望的潜在用户聚集在一起，向用户传递与产品相关的信息并及时反馈问题。在交流的过程中，专业的主播能与用户建立信任关系，产生情感连接，进而促使用户做购买决策，成功实现流量转化。这种销售氛围在传统零售中很难产生。

2020年7月26日，某直播销售红人在直播间举办了"所有女生+7生活节"，如图1-2所示。在这场直播中，主播跟家纺品牌水星家纺进行了合作。

图1-2 某主播跟水星家纺合作预热图

在该场直播中，水星家纺单款产品的销售额突破550万元，这让我们看到了一个专业且流量大的主播在直播销售中的重要性。所以，直播销售始终将主播放在核心位置，这也是很多企业愿意跟流量大、销售能力强的主播合作的原因。**直播销售不再只是关注购买产品的人，也开始关注销售产品的人**。所以，企业要想做好直播销售，除了跟专业的主播合作之外，还要培养自己的专业主播。

(2)货：产品+服务+品牌效应

传统零售中的"货"更多强调的是产品本身。直播销售中的"货"不仅包括产品本身，还包括服务和品牌效应。

相比于传统零售中的"货"主要看企业自身的需求，如企业生产什么，想销售什么，直播销售关注的是用户的需求，根据用户需求匹配合适的产品。

直播销售还关注产品的服务和品牌效应。产品质量是否过硬？价格是否合适？是否有成熟的供应链？这些因素都决定了用户对主播、品牌的信任度和产品复购率。所以，直播销售不仅仅是销售，也会关注服务和品牌效应，这是直播销售中的"货"与传统零售中的"货"存在的本质差别。

(3)场：跟用户进行强互动的场景

传统零售中的"场"是指销售渠道，如商场、超市、小卖铺、网店等。在这样的场景中，产品背后的企业很少有机会跟消费者进行强互动。企业不能跟消费者进行强互动，自然会减少很多销售机会。直播销售的"场"则可以解决这个问题。

直播销售的"场"就是我们常说的直播间。在直播间，用户可以跟主播、企业的售后人员之间进行强互动，可以向主播、企业的售后人员提出关于产品的任何问题。例如，如何购买、如何参与活动、产品效果如何等。一旦这些问题得到及时解决,就能激发消费者的购买欲望,进而成功实现流量转化。

所以,直播销售的"场"是一个具有超强聚焦效应、营销效果明显的销售场景,而且运营成本和场地费用都较低且不受时间和地域的限制。具体来说,直播销售的"场"具有以下三大优势。

一是合适的时间。企业可以根据用户的时间来选择合适的直播时间。这样一来,用户才有时间看直播,才能购买自己心仪的产品。

二是合适的空间。每个直播平台都有其特定的属性及特定的用户群体,企业可以根据主播的人设及品牌或产品的特性选择合适的平台进行直播。符合品牌或产品特性的平台,能吸引更多精准的用户,用户转化率会更高。

三是特定情境下的及时互动。不同情境下采取不同的互动方式能够增强用户的信任感,进而留住用户并提升流量转化率。例如,当用户刚进入直播间的时候,主播可以与用户打招呼,聊一些有趣的话题;在推介产品的环节,主播可以通过介绍产品的方式与用户进行互动;等等。

实际上,**各种零售形式的升级、变革都是为了满足用户需求**。超市的出现满足了用户边走边逛、一站式购物的需求;电商的出现满足了用户足不出户、便捷购物的需求;社交电商的出现满足了用户随时随地分享、购物的及时性需求;直播销售的出现带给用户一种全新消费场景的体验。

直播销售结合了线上、线下销售的优势,不仅能满足用户物质层面的需求，还能满足用户精神层面的需求，而精神层面的需求正是新时代人们最迫切的需求。所以，直播销售充满了机会。

2. 直播销售的本质：释放流量购买力

很多人对直播销售的理解是"直播+销售"。所以，很多企业把重点放在直播和销售这两件事上。他们会花重金去找流量大的主播，会为了吸引用户去做很大力度的产品折扣活动，但是最后他们会发现流量的转化率并不高，甚至入不敷出。主要原因就在于他们对直播销售的理解存在误区。

直播销售不是简单的"直播+销售"，不是简单地做一场直播，喊几句口号就行的，直播销售的**本质是释放流量的购买力，转化流量**。换句话说，**直播销售的本质依然是销售**。

为了让大家更好地理解这个概念，我们不妨回想一下20世纪90年代的电视购物。

20世纪90年代是电视购物兴起的年代，打开电视的购物频道，我们就能看到主持人卖力地推荐产品。主持人会先介绍一下产品的特性，然后会给出一个吸引人的价格，呼吁大家抓紧时间抢购。例如，"今天限购，现在只剩下100件，惊爆价99元1件，大家赶紧拿起电话抢购""99元就能买到平时要399元才能买到的产品，抢到就是赚到"等。

从营销的角度看，电视购物其实就是直播销售的雏形。除了电视购物，商场的促销活动也属于直播销售的前身。平时逛超市的时候，我们经常可以看到某品牌的导购员穿着制服，带着麦克风，不断地喊着促销活动的广告词，如"今天××牛奶买一赠一啦""今天××限时特价，仅限今日""尾货大甩卖"等。一旦有人围观并争抢购买，随后就会涌入更多的人跟着抢购。

电视购物、商场促销的目的都是吸引消费者，将产品销售出去，直播销售也是如此。无论销售的形式怎么变化，销售的本质是不变的。

所以，企业对直播销售的认识如果只是停留在简单的"直播＋销售"这个层面上，那么即使在短期内通过直播销售实现了产品销量的提高，也很难在直播销售这一领域有所突破，如取得更好的销售业绩，提升品牌效应。

格力电器的董事长董明珠是一位对直播销售本质认识得较深刻的企业家。有业界人士评价董明珠说："可能只有董明珠，搞懂了直播销售的本质。"

2020年6月1日，董明珠代表格力电器在网上进行直播销售。当天的累计销售额高达65.4亿元，创下了家电行业的直播销售纪录。

一天的销售额达到65.4亿元是什么概念？这相当于格力电器一个季度的营收（203.96亿元）的32%，成绩是非常惊人的。这并不是董明珠的直播首秀，她在2020年4月24日进行了自己的直播首秀，但是成绩没有这么好，当天的销售额只有22.5万元。

从2020年4月24日到2020年6月1日，董明珠一共做了4场直播，每场直播的销售额分别是22.5万元、3.1亿元、7亿元、65.4亿元。

为什么短短一个多月的时间,董明珠能在直播销售领域取得如此突飞猛进的成绩?原因就在于董明珠真正理解了直播销售的本质:释放流量购买力。董明珠直播销售的模式是由经销商在线下获得流量,然后由董明珠在线上直播间完成转化。简单地说,就是**在线下聚集有购买力的流量,然后在线上释放这些流量的购买力**。

董明珠销售的具体策略可以分成两个步骤。

(1)**线下聚集有购买力的流量**

董明珠让大量的经销商在线下用各种各样的方式将有购买力的流量聚集起来,例如,用户只需加入格力电器的用户微信群或者添加企业微信就可以获得一份礼品。经销商通过这种方式将线下有购买力的流量提前聚集到私域流量池中。

(2)**释放流量的购买力**

在直播销售当天,每个经销商会有一个专属的二维码,经销商把二维码转发到私域流量池中,用户扫描这个二维码即可直接进入直播间观看直播并购物。直播系统后台可以通过二维码识别用户是由哪一个经销商带来的。这是非常关键的一个环节,因为一旦用户发生购买行为,格力电器就会给带来用户的经销商一定的佣金奖励。为此,格力电器做了完善的布局,如充分的信息技术建设和销售体系建设、二维码追溯、销售分成、区域划分等。同时,为了最大程度释放流量的购买力,在董明珠的直播间,格力电器会开展空前的优惠活动,激发用户下单购买。

从董明珠的直播销售流程来看，她抓住了直播销售本质，把直播销售参照一场促销活动进行组织和开展，只不过是将线下有购买力的流量聚集到线上，然后在线上释放这些流量的购买力。

从董明珠直播销售的成功案例中，企业获得的启示是：直播销售不是一个人的战斗，而是一个团队的战斗，甚至是一个企业的战斗。看似只是主播一个人在直播间销售产品，背后却隐藏着营销宣传团队为引流付出的努力，信息技术团队为打通各个环节、保障流畅的直播付出的努力，生产团队为保障货源充足付出的努力，售后团队为保障服务付出的努力……脱离任何一个环节看直播销售都是狭隘的认识，难以成功地看到直播销售的本质。企业只有围绕直播销售搭建一个完善的体系，才能真正发挥出直播销售的价值。

3. 直播销售的内核：优质的内容

直播销售的红利人人都想吃，但是并不是人人都能吃得到。究其根源，主要是很多人只看到了直播销售的红利，却忽视了**直播销售的内核——优质的内容**。

纵观直播销售领域，我们不难发现，直播销售内容的同质化现象非常严重，企业做直播销售几乎都是一种打法：超低价、秒杀。在直播销售刚兴起的时候，超低价、秒杀的确可以吸引用户。但是，随着直播销售的形式越来越多，单纯的超低价、秒杀已经无法满足用户的需求，或者说他们已经对这样的直播销售模式产生了审美疲劳。这时候，只有内容价值高、可看性高的直播，才能吸引用户。未来，优质的内容将成为直播销售最为核心的竞争力。所以，企业要想做好直播销售，就必须在优质的内容上下工夫。

（1）除了价格，更要满足用户精神层面的需求

美国著名社会心理学家亚伯拉罕·马斯洛（Abraham H. Maslow）曾提出人类需求层次理论，他将人的需求分为5个层次，分别是生理需求、安全需求、社交需求、尊重需求、自我实现需求。新时代的人们大多可以满足前面4个层次的需求，所以人们开始自发追求自我实现需求。自我实现需求，也就是我们常说的精神层面的需求。

知名作家许知远曾在一档节目中说："当代中国社会，物质消费与精神消费的边界在逐渐模糊。"这句话的言外之意是，**消费者在追求物美价廉的产品的同时，也在追求精神层面的享受**。例如，很多人去罗永浩的直播间并不是为了购物，而是为了跟罗永浩互动，喜欢那种热闹的氛围。

所以，直播销售要想吸引更多的用户，就不能只是简单地做超低价，还应当学会满足用户精神层面的需求，要给用户带去快乐、价值等。

（2）增加直播销售的附加价值

主播除了要更好地与用户互动、服务用户、赋能品牌，还应当增加直播销售的附加价值。例如，有些企业为了宣传产品会做一些公益直播，将直播所得收益捐给贫困山区的学校。除此之外，还可以通过直播销售帮助用户解决一些问题，或者普及一些用户不知道的信息和知识。这样才能让用户感受到直播销售不仅能买到物美价廉的产品，还能获得附加价值。

直播其实是一个相对来说比较感性的消费场景，用户不仅关注产品，也会关注产品之外的附加价值。企业如果能够让用户感受到产品的附加价值，那么不但可以发掘用户更广泛的需求，还能加强用户对品牌和产品的认同感，进而实现流量持续转化。

（3）注重消费场景的构建

消费场景也是直播销售内容的一部分，会影响用户的观看体验和购买决策。一些销售能力强的主播十分注重消费场景的搭建，因为在合适的消费场景下，用户的购买欲望和购买力更容易被激发。所以企业要想发展长期复购的用户，哪怕是一个小小的直播间都应当用心去搭建。

价格低是直播销售的特点，也是吸引流量的关键要素，但是企业一定不能将低价作为产品的特征反复强调。如果用户只是因为低价而选择购买企业的产品，那么当竞争对手拿出更低的价格时，流量就会离企业而去。所以，企业做直播销售的时候，千万不能忽视直播销售的内核——优质的内容，这才是留住用户的法宝。

4. 直播销售的商业模式：S2B2C 模式

当一件事情取得非常好的市场反响且发展迅猛的时候，我们首先应当分析这件事背后的商业模式。因为好的商业模式可以提高销售效率、降低销售成本，从而产生利差，创造价值，成功实现产品变现。

直播销售的商业模式是 S2B2C 模式，如图 1-3 所示。

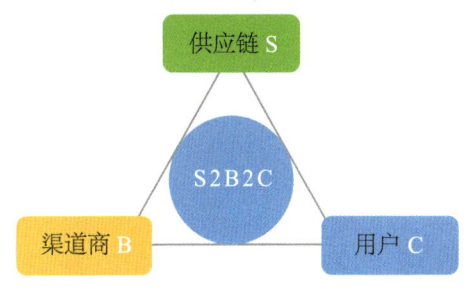

图 1-3　S2B2C 模式

S 代表的英文单词是"Slipper"，意思是大供货商，规模较大的供应链平台；B 代表的英文单词是"Business"，意思是渠道商；C 代表的英文单词是"Customer"，意思是用户。

（1）S：规模大的供应链平台

供应链平台能提供 SaaS(通过网络提供软件服务)化的管理工具，方便上游供应商链的接入，且能够提供更多的增值服务，可以帮助 B 端快速有效地服务于 C 端。其核心业务是提供供应链的整合服务，对 B 端输送资源和赋能，包括供应链、销售渠道、销售方式、销售场景、服务内容、物流管理、数据收集及分析等。

（2）B：渠道商，被 S 端赋能的独立个体

在 S2B2C 模式中，B 端是指能够提供产品或服务的个体，一般包括销售渠道、供应商。那么，什么样的个体才是 S2B2C 电商新零售中的 B 端呢？

S2B2C模式中的B端必须是能够通过S端提供的产品或某些服务更好地为C端提供服务的。当S端对B端进行赋能后，B端就有了更多的自主性，能够为C端提供更多差异化或额外的增值服务。

（3）C：最终购买产品或享受服务的用户

C端是指最终购买产品或享受服务的用户。在S2B2C模式中，C端是一个非常核心的环节。可以说，S2B2C模式的所有布局都要围绕C端的用户展开，因为用户才是企业发展的根基和核心。

S2B2C模式有以下4个特点：

一是供应链平台可以整合上下游优质供应商，可供渠道商集中采购。

二是供应链平台可以提供SaaS工具、技术、数据支持。

三是供应链平台可以辅助渠道商更好地为用户提供服务。

四是渠道商可以一对一跟用户沟通，以便更好地发现并尽力满足用户的需求，同时还可以将用户的相关信息反馈给供应链平台，以便更好地满足用户的需求。

S2B2C模式最早是阿里巴巴的曾鸣提出来的。他认为，行业里存在大量的高度分散的小商户B端，他们有接触和更好地服务C端用户的能力，但是他们缺乏标准化供应链S端的支持，所以很难做大做强。所以，B端需要一个标准化的供应链平台S端来为他们赋能，让他们可以更好地为C端服务，放大他们与C端用户之间的交易规模。

对于S2B2C模式，北京大学光华管理学院工商管理博士后穆胜也发表了自己的看法。他认为，S2B2C模式从整体上重构了产业链，平台利用B端强大的渗透力将供应链的潜力发挥到极致，一直传递到

C端。这就是从整体上重构了产业链。

结合S2B2C模式的特点以及曾鸣、穆胜的说法，并仔细分析直播销售的底层逻辑，我们不难发现，直播销售的底层商业逻辑其实就是S2B2C模式。无论是淘宝、京东这样的传统电商平台，还是以微盟为代表的SaaS平台，实际上他们的目标用户都是B端用户，而不是C端用户。真正面向C端用户的是B端用户。

我们以淘宝直播为例来分析直播销售的S2B2C模式。S端就是淘宝平台，B端就是商家、企业（主播），C端是用户。淘宝平台通过赋能商家、企业（主播），为商家、企业（主播）提供平台、销售渠道、内容等资源，从而让商家、企业（主播）可以更好地满足用户的需求。这就是一个简单的S2B2C模式。当然，随着直播销售的不断发展，这种商业模式或许可以不断地完善，从而真正地落地，帮助商家、企业创造更多的利润。

直播销售的S2B2C模式要想不断地完善，关键在于要**选择一个赋能能力强的S端**。

直播销售真正考验的是S端的赋能能力。无论是直播销售还是"直播+"，我们都需要一个强大的赋能平台。因此，企业想要做好直播销售，就应当选择赋能能力强的S端。

此外，企业还要做好跟C端用户的深度沟通，挖掘C端用户的需求，并将C端用户的需求反馈给S端，以便以后能更好地为C端用户提供服务。整个过程中的每一个环节都必须仔细、认真地去做，因为每一个环节都影响到其对C端用户的服务质量，而服务质量决定直播销售的成败及发展。

只有搞清楚直播销售的商业模式，企业才能跳出销售产品、清理库存的怪圈，才能找到直播销售的发展方向，在这条路上走得更远，收获得更多。

5. 直播销售的思维模式：买量思维

在传统的思维模式下，企业只是通过直播将产品销售出去，用户买到产品之后，交易关闭。这样就形成了一个交易闭环，交易结束后，企业跟用户就成为陌生人，互不相干。

企业每次直播销售都要付出高额的服务费、佣金，如果没有沉淀用户，没有复购，对一些产品利润本身并不高的企业来说，直播销售无疑会亏损，甚至无异于饮鸩止渴。

所以，企业要想通过直播销售赚钱，首先要转变自己的思维模式。那么，做直播销售需要什么样的思维模式呢？答案是买量思维。

什么是买量思维？"买量"是游戏行业比较常用的一个名词，用来衡量一个游戏的好与坏就看这个游戏的开发商会不会做买量。一般情况下，游戏开发商会找一个名气比较大的人做游戏推广员，一年下来广告费可能高达1亿元。虽然看似投入很大，实际上从买量思维来看收益更大。

我们假定该游戏单个用户的广告成本投入是20元，10个人就是200

元。如果这10个用户中有一个用户充值200元，投入和收益就持平了。如果用户充值超过200元，那么收益就大于投入。即使没有一个用户充值，只要广告投入能够为游戏吸引新的用户，只要用户不流失就算是一种收益。这就是游戏行业的买量思维，即花钱买用户，注重的是获客成本和用户终生价值。直播销售要想赚钱，需要的正是这种思维模式。

直播销售的产品其实就是一个付费点，企业要想让更多的用户为之付费，就要在做好直播内容之后去做买量。一般来说，要做好买量需要4个步骤，如图1-4所示。

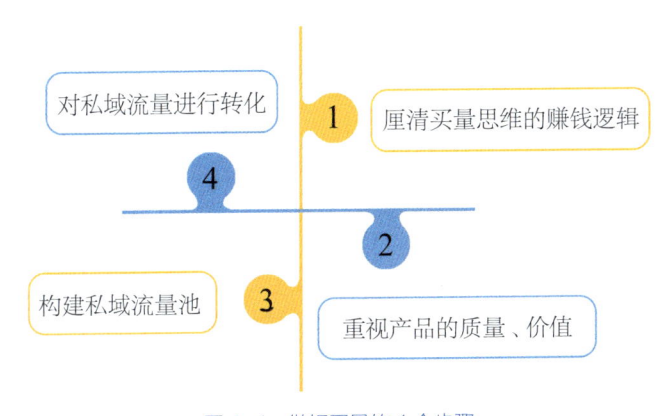

图1-4　做好买量的4个步骤

（1）厘清买量思维的赚钱逻辑

厘清买量思维的赚钱逻辑，简单地说，就是要懂得用买量思维算账。

例如，某企业投入了10万元的服务费以及20%的佣金请主播做直播销售。如果这场直播活动能带来10 000个用户，那么单个用户的获客成本是10元。但是没有人能保证每个用户都会花钱购买产品。

所以企业最担心的问题是这投入的10万元服务费能不能赚回来？

关于企业担心的问题，我们分别用非买量思维和买量思维算一笔账。

假设产品是面膜，售价是10元一袋，所有成本加起来4元一袋，直播价格是8元一袋。主播每销售一袋可以获得20%的佣金，即1.6元。如此一来，每销售一袋面膜企业能获得2.4元的利润。

非买量思维：按照10万元的服务费，直播销售必须要销售出4万袋以上的面膜，企业才能赚钱。如果退货率高，要销售远超4万袋的面膜，企业才能赚钱。但实际上，一个服务费为10万元的主播很难销售4万袋以上的面膜，所以这样计算，企业肯定会亏钱。

买量思维：同样是10万元的服务费，假设直播销售实际只销售了2万袋面膜，退货率50%，这样企业等于全部亏损。但是，直播销售期间企业收获了2万个用户。我们假设这10万元服务费是用来购买用户的，那么单个用户的获取成本是5元。销售出去2万袋面膜，企业每袋赚2.4元，共计4.8万元。此外，2万个用户可能会沉淀下来继续转化、复购，转化率、复购率提升了，慢慢地就能实现收支平衡，而且往后还能获取更多的利润。

所以，用买量思维做直播销售的第一步就是要学会用买量思维算账，看到用户沉淀的价值。

（2）重视产品的质量、价值

实际上有一些企业已经以买量思维做直播销售，但是他们有的只能保本，有的甚至还会亏钱，为什么会出现这样的情况？很大一部分原因是他们忽略了产品本身。**产品的质量、价值是影响用户终生价值的核心因素。产品好不好、是不是能给用户带来价值决定着用户是否会复购**。因此，直播销售的买量思维注重流量，更注重产品本身的质量、价值。只有产品本身的质量好、价值高，才能持续吸引用户、留住用户，才能真正地放大买量思维的影响力。

（3）构建私域流量池

做好买量其实就是把进入直播间的用户转变成私域用户，促进复购不断产生，也就是构建私域流量池。

私域流量池是指建立一个平台将私域流量聚集在一起，便于企业做好私域流量运营，促进私域流量裂变、转化。例如，企业微信、微信公众号、微信群、小程序、视频号、品牌会员等都属于常见的私域流量池。

构建私域流量池之后，企业就可以通过各种渠道吸引、沉淀私域流量。例如，在直播中不断提醒用户加入企业微信群可以领取福利等。同时，还要通过一些策略留住私域流量池里的流量，避免用户流失。这才是买量思维的核心所在。在游戏行业，通过宣传投入吸引大量的用户，而能够让这些用户最终产生价值的关键在于不断地优化游戏、提高用户的游戏体验。同样，对于企业来说，如何通过运营将私域流量池里的用户激活是非常重要的工作。

（4）对私域流量进行转化

流量的价值在于转化、变现，所以仅仅是把流量留在私域流量池是远远不够的。让用户付费才是买量思维的目标所在。

将私域流量转化、变现的相对直接、简单的方式,就是吸引这些流量进入直播间观看直播,并在直播的过程中采取一定的技巧和策略充分释放用户的购买力。具体如何对这些流量进行转化、变现,我们将在第九章和第十一章进行详细的介绍,在此不再赘述。

知名心理学家卡罗尔·S.德韦克(Carol S. Dweck)认为,好学者和不好学者之间最大的差别就是思维模式的不同。这句话同样适用于直播销售领域,能够在直播销售中借势而为,分得一杯羹的企业与付出很多却亏本的企业之间最大的差别也是思维模式的不同。所以,当企业进入直播销售领域却无法在这个领域创造价值时,应当思考一下"直播销售的思维模式是否正确"。如果思维模式不正确,那么就要及时调整思维模式以跟上时代的步伐,抓住销售的新爆点。

6. 直播销售的新趋势:社区直播

进入直播销售领域的时候,一些企业会存在这样的顾虑:"直播销售已经盛行了一段时间,现在差不多过了红利期,我们还有必要进入这个领域吗?"直播销售的红利的确没有刚兴起的时候多,但是企业只要能够转换思维,抓住新的机会,就依然可以从中分得一杯羹。

直播销售新的机会就在社区。当所有人都在线上竞争的时候,线下的社区就是新的红利入口。因为社区是用户集中聚集的地区,抓住社区就等于抓住了直播销售在未来几年的机会。所以,要抓住新的

机会就必须从线上转移到线下——打造直播社区场景，进行社区直播。

社区直播是指社区从业人员在社区搭建直播间，充分利用社区直播间的特点和优势，进行沉浸式、场景化直播的一种形式。社区直播的核心是在社区中完成直播场景的打造。

具体来说，一个完善、系统的社区直播应包含以下4个要素。

一是社区直播的场景所在地为社区。在社区进行直播销售，那么销售的场景所在地一定要为社区。社区中不仅包含直播主体（主播、商品……），还包括社区中的群众。此外，将商品、精神和信仰共同融入这样一个场景中并进行直播销售，更利于在场景中完成对商品的介绍、推送，加强商品和用户之间的连接，提升用户的互动感、体验感和参与感。简单地说，这种直播场景能够更好地实现线下场景线上传播的作用，从而能够实现线上线下相互引流，达到直播间的流量最大化变现的目的。

二是社区直播的直播主体是社区从业人员。社区直播的直播主体是以社区从业人员为核心，这也是参与社区直播的人群的一个特征。社区从业人员包括无职业者、自由职业者、待业者这些人群。社区直播为他们提供了一个良好的、优质的创业或就业渠道，搭建了一个高效平台，因此他们也能积极地投入直播中，更好地完成直播销售文化的传播。

三是企业，尤其是中小企业高效的推广阵地。社区直播的典型特征在于让直播主体与用户直接面对面接触。对于那些尚未形成品牌影响力的企业来说，如果能融入社区的群众中，那么自然能够更加简单、直接、高效地完成商品的体验、介绍以及转化，从而促进销量的增加。

四是逻辑转变。社区直播不仅仅包含一个简单的销售逻辑，还包含通过在社区中的直播完成同偏好人群、同类人群、同质人群以及同诉求人群的一个分类型汇聚，从而更高效地、更有针对性地建立起社群的组织逻辑。这种逻辑思维的转变能够为文化商品的传播和触达创造更加有价值的渠道和途径。对于中小企业来说，他们可以通过一个成功的社区直播模式，进一步放大到不同的社区、不同的城市、不同的地域，从而达到一场社区直播，打造千万个社区参与的新型的消费场景。在这样的情况下，中小企业就可以进一步扩大自己的市场，提升自己的品牌影响力。

掌握了社区直播的4个要素后，企业还应深入了解可以通过什么样的形式开展社区直播。社区直播关键性的表现形式主要有以下5种。

（1）社区文化活动

社区文化活动是通过文化活动场景的搭建，构成以社区居民共同参与，以活动为主体的实体消费场景的直播形式，如图1-5所示。

图1-5　社区文化活动

(2)社区直播沙龙

社区直播沙龙是将同类、同好、同质等类似人群邀约至直播间，通过主播的引领，以主题性特征来进行沙龙化的直播销售，如图1-6所示。该直播销售需要关键意见领袖（Key Opinion Leader，简称"KOL"）人群和主播引领用户来共同完成。

图 1-6　社区直播沙龙

(3)访谈类直播

访谈类直播是选取群众呼声高、影响力大、对群众有号召力的代表性人物，作为关键意见领袖走进直播间，发表自己对某一领域的观点看法，来进行文化或商品的直播推送，如图1-7所示。

图 1-7　访谈类直播

(4) 独播

独播是以主播为主体，以商品文化信息推送为主要目标，利用公域流量和私域流量的组合，围绕着用户共同感兴趣的话题与商品来进行的直播。如图 1-8 所示。

图 1-8　独播

(5) 户外直播

户外直播是把人们置于商品的生产、研发等可以互动的环境中，来进行直播推送的形式，如图1-9所示。例如，在茶园直播销售茶叶，在日化用品的研究室直播销售肥皂。在这种形式下，虽然直播间不在社区的物理空间里，但它是以满足社区居民的需求为目的，充分地利用社区直播的特色来实现直播效果。

图1-9 户外直播

社区直播是直播销售发展到新阶段的一个新颖的直播销售形式，也是打造幸福社区、服务企业、贴近群众进行企业文化传播的必然需求。社区直播形式的大力发展，将更加有助于社区文化繁荣、企业良性发展、人民群众物质精神消费升级这三位一体的发展，是满足以上诉求的一个重要的形式。所以，企业要想在直播领域取得一些成绩就一定要把握新的机会，借势而为。

7. 直播销售的风险分析和规避技巧

直播销售作为一种新兴的商业模式，的确可以帮助一些企业扩展销售渠道，驱动消费增长，但与此同时，直播销售也会给企业带来风险和挑战。

具体来说，直播销售的风险主要体现在以下3个方面，如图1-10所示。

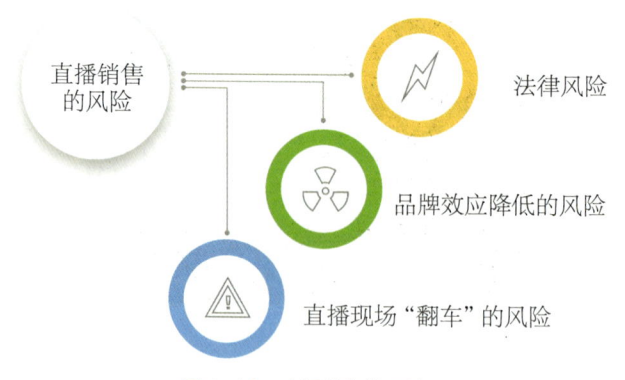

图 1-10　直播销售的风险

（1）法律风险

直播销售在发展迅猛的同时，也存在一些乱象，如主播夸大产品的功效、兜售假冒伪劣产品等。这些都是直播销售中可能面临的法律风险。

《中华人民共和国广告法》(以下简称《广告法》)第九条第三项明确规定:广告不得使用"国家级""最高级""最佳"等用语。如果主播在宣传产品的时候使用了这些绝对化的词语,那么就等于违反了《广告法》的规定。

此外,《中华人民共和国价格法》(以下简称《价格法》)规定:利用虚假的或者使人误解的价格手段,诱骗消费者或者其他经营者与其进行交易的行为,是不正当价格行为。也就是说,如果主播在直播间吆喝"全网最低价"吸引用户购买,但实际并不是全网最低价的话,就属于价格欺诈行为,会受到法律的制裁。

以上两种法律风险是直播销售中常见的,如果不去规避这些风险,那么直播销售的开始就是直播销售的结束,因为法律法规是直播销售的底线。

(2)品牌效应降低的风险

很多直播销售是通过降价、买赠等方式来促进产品快速销售。但是如果品牌的产品平时很少做促销活动,却在直播销售中频繁地做活动,这似乎在向用户传递一个信号:平时的产品价格虚高,直播间的价格才是真实的。这样就会导致用户等直播促销的时候才购买产品,直播结束产品恢复原价后,他们就会选择观望。

此外,一旦品牌的产品给用户留下低价的印象,品牌效应就会随之降低,再想提升品牌力就是一件比较困难的事情。所以,直播销售会降低品牌效应也是一种需要规避的风险。

(3)直播现场"翻车"的风险

直播现场"翻车"的风险,是指直播的时候出现各种情况,导致直播现场混乱,直播无法顺利进行,如直播产品出问题或直播设备出故障等。一旦出现这种情况,就会导致用户对企业的产品质量、运营能力产生怀疑,甚至有可能引发大规模的退货事件,对企业的发展将产生极其危险的影响。

那么如何规避以上的风险,让直播销售可以稳步发展呢?

一是熟悉并遵守直播销售的相关法律法规。企业在开展直播销售前,一定要充分认知作为主播或经营者应该承担的法律责任和风险,要熟悉并遵守相关的法律法规,如《价格法》《广告法》,要为用户提供真实、可靠的产品信息和产品。

二是要注重品牌效应。在直播销售的时候,不要一味地降低价格,要做一些更有价值、有趣的促销活动,让品牌产生溢价。

三是要对产品质量和直播流程把关。用户的心理预期是花最低的价钱买到最好的东西,如果产品的质量不好,那么不但会影响品牌形象,还会影响后面的复购率。所以,企业在做直播销售前一定要严格选品,确保直播销售的产品质量是有保证的。除了产品质量外,企业还应当关注直播的流程和细节,如每一个环节需要什么物料,这些物料是否齐全,是否可以正常使用等。只有把直播销售中的每一个环节做好,才能避免"翻车",才能更好地规避风险。对于关键部件,要有备用件。

四是对直播脚本进行审核。一般情况下,直播销售之前主播都会准备一份直播销售的脚本。在直播销售之前，企业必须对直播脚本进行审核，确保脚本的内容符合法律法规要求，不得为了吸引用户而用一些违规的词。如果没有脚本，企业就要跟主播强调说话要严谨，不能违反相关规定。

很多事情都是一把双刃剑，在机遇的对面往往是不可预知的挑战。所以，要想把直播销售这件事做好，就不能只看到眼前的红利和机遇，还应当看到背后的挑战并规避相应的风险。当然，风险不等于不可能，只要能采取合适的方法规避风险，那么风险就等于更多的机会和可能性。

第 2 章 人设逻辑：
直播间里的 IP 和人设

在直播销售领域中，提起头部主播，用户都比较熟悉，甚至能够深刻记住主播在直播间的一些口头禅或经典动作，并且会被主播的这些特点吸引到直播间观看直播、购买商品。这就是直播间的 IP 和人设的魅力所在。

1. 树立"IP 思维",打造直播间里的 IP

什么是 IP ? **IP 是指个人或集体对某种成果的占有权。在互联网时代,IP 到底是啥?可以是有价值、有流量的内容或个人**。例如,美妆领域的某头部主播可以算一个超级个人 IP,他的人设很鲜明。据相关数据统计,用户在其直播间停留的时间大约 14.5 分钟,而用户在普通主播直播间停留的时间可能只有 3 分钟。拉开差距的关键原因在于个人 IP,因为不少用户是冲着该主播去看的直播。

除了主播的个人 IP,直播间里的 IP 还包括品牌 IP、产品 IP、直播背景 IP 等,可以说任何能够成为直播间独特吸引力的人或物均可称为"直播间里的 IP"。例如,某品牌咖啡店通过直播"会员夜活动"吸引更多用户成为该品牌会员,打造的就是品牌 IP;某酒吧通过直播蹦迪吸引了很多年轻人到店消费,打造的就是产品 IP;以田间地头为背景的农产品线上直播销售,打造的就是直播背景 IP。直播间里的 IP 各具特色,但价值却是一致的 —— 吸引用户进入直播间消费。

无论企业想打造哪一种形式的 IP,首先都必须树立"IP 思维"。所谓"IP 思维"是指企业要认识到 IP 对直播销售的重要性,有强烈的主观意识想要去打造直播间里的 IP,而且要将这种意识贯穿到直播销售的每一个环节。

具体来说,打造 IP 对企业的直播销售主要有以下两个重要作用。

一是 IP 重构了信任方式,能够进一步拉近企业与用户之间的距离。很多用户不喜欢在直播间购物的原因主要有两个:一是担心商品的品质没有保障,二是担心商品的售后问题。当企业打造了直播间里的 IP,代表企业开始注重直播销售的品牌和口碑。无论是商品的品质还是售后出现问题,毁掉的不仅是企业直播销售的品牌和口碑,甚至是企业的发展前景。所以,打造 IP 的企业会更加"爱惜自己的羽毛",用户也会因此更加信任企业。

二是促进公域流量转化为私域流量。公域流量也叫平台流量,它不属于单一个体,而是被集体所共有的流量,例如主播在淘宝直播,那么淘宝平台的流量就是公域流量。一旦企业不在该平台直播,之前触达的公域流量几乎不可能再次触达。私域流量跟公域流量是相对的,指的是可以在任意时间以任意频次触达的流量,例如企业微信公众号的粉丝就属于私域流量。从公域流量和私域流量的特点可以看出,企业要想提升直播间的销量就应当促进公域流量转化为私域流量。打造 IP 能够帮助企业实现这一点,因为 IP 具有非常强的聚合能力,能够吸引公域流量并促进这些流量转化为私域流量,最终沉淀到企业建立的私欲流量池中。

IP 的力量和价值不言而喻,已经成为企业在直播销售中的核心竞争力。那么,企业如何才能打造直播间里的 IP 呢? 建议采取人格化、专业化、价值化三大策略(图 2-1)。

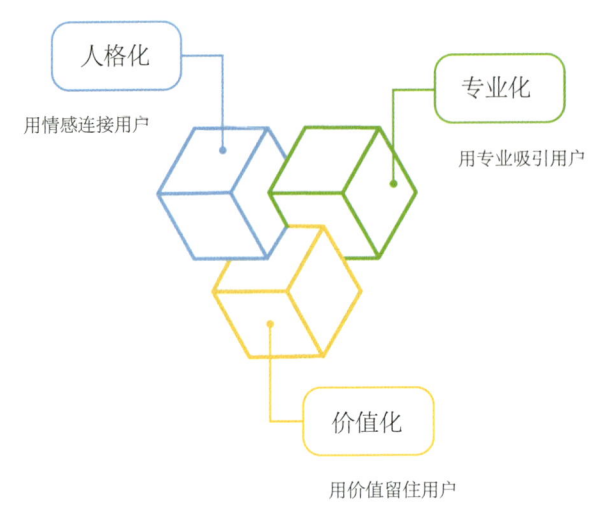

图 2-1　打造直播间里的 IP 的三大策略

（1）人格化：用情感连接用户

传统的零售模式中，企业销售的是商品，但是直播销售时代，零售已经逐渐由单纯的商品销售转变到销售场景、情感连接。从消费者对直播销售的喜爱程度可以看出，人格化的零售模式更能吸引他们。此外，人格化也更能在消费者心中留下记忆点，能够让他们持续关注并复购商品。所以，无论是打造主播个人 IP，还是打造产品 IP 或品牌 IP，都要懂得注入情感，让主播、产品或品牌更加人格化。

例如，主播给自己的粉丝冠以专属的昵称，如"某某的骑士们""某某的女孩们"，这就是情感连接的一种方式，能够让主播更加人格化。当主播人格化的特征比较鲜明后，就能通过在直播间里的人格化的表达赋予商品和品牌人格化特征。这里的人格化表达是指主播采用自己擅长的表达方式向用户介绍商品、传递信息，建立情感连接。

只有当主播、商品和品牌被赋予新的定义,更加人格化之后,用户才会对主播、商品和品牌产生情感共鸣,进而更利于打造直播间里的 IP。

(2)专业化:用专业吸引用户

专业是打造直播间 IP 必不可少的要素。有主播试口红试到嘴都破了,这是专业。正是因为这样的专业,主播才能成功地打造个人 IP。企业要想打造直播间里的 IP 需要的就是这种专业精神。

直播间的专业主要体现在以下三点。

一是专业的知识。专业的知识主要表现在主播拥有专业的商品知识和销售知识。一个在介绍商品时不够专业、频繁出错的主播是对用户的不尊重,难以吸引用户关注直播、下单购买商品,更不可能成为 IP。所以,企业在选择、培养直播销售的主播时,专业的知识一定要放在首位,为打造主播 IP 打好基础。

二是专心的服务。服务是指企业在直播销售的过程中以及交易达成后为用户提供的服务。企业的服务质量越高,越能让用户感到温暖、真诚,进而越能让用户记住主播、商品以及品牌。这样更加便于打造直播间的 IP。

三是专注的精神。做事专注的企业天生自带吸引力,打造直播间里的 IP 同样需要专注。如果企业只是一时兴起做直播销售,出现"三天打鱼两天晒网",不能持续为用户传递价值的情况,那么用户很快便会流失。所以,打造直播间里的 IP,要求企业选定一个领域之后一定要坚持运营下去。

（3）价值化：用价值留住用户

直播销售竞争的本质是内容价值的竞争。用户可能会因为一些主播说话比较有趣、商品性价比高等因素进入直播间，但真正能够让用户留下来消费甚至进入企业的私域流量池的一定是有价值的内容。

直播销售虽然是以推荐、销售商品为主要内容，但企业在直播过程中传递的价值观、直播间的布置和背景设计等同样属于直播内容的一部分，恰恰是这些和销售商品没有直接关联的部分的内容价值决定了用户的去留。

例如，某主播在直播的时候会说，"这个商品有点贵，如果你还在上学的话，就不要选择这个商品了，下次推荐你们平价一点的。"这种正面的价值观非常吸引用户，即便用户暂时不买商品，也会继续观看该主播的直播。

再例如，某美食企业的主播在直播间经常会现场教用户制作简单又美味的家常菜，还有一家玩具企业在直播间经常展示一些简单、有趣的亲子游戏……这种直播间的内容设计也会对用户产生极强的吸引力。

如果能够把有价值的内容打造成直播间的特色，企业就向打造直播间的 IP 迈出了很大的一步。

培养"IP"思维，打造 IP 其实就是要不断地思考"如何做才能吸引用户，如何才能在用户脑海中留下记忆，留下标签"。当企业带着这些问题去做直播销售的时候，就能找到更明确的直播方向，直播内容也会更有价值,能够为企业打造 IP 奠定基础。

2. 人设定位:提炼特点优势,打造主播人设

打造直播间里的 IP 的方法很多,其中打造主播的 IP 是非常重要的一环。作为直播销售的主力,主播的 IP 影响着直播间的人气,决定着最终的销售额。对于企业来说,设置一个"直播销售主播"的岗位只是培养自己的主播的第一步,了解并掌握打造主播的 IP 的技巧和方法,在直播销售领域为企业争得一席之地才是培养主播的核心工作。

打造主播 IP 的首要工作是清楚销售主播有哪些类型,销售主播的类型即主播的人设定位。人设属于主播 IP 的一部分,明确、典型的人设定位更利于打造主播的 IP。

"人设"一词最早是二次元动漫的术语,全称为"人物设定",主要指为角色设计人物造型、世界观、价值观、性格亮点等特点的工作。**互联网时代,人们将公众人物对外的面具化表现称为人设。**

某个角度来说,直播销售的主播也属于公众人物。主播要想吸引用户观看直播并成功转化流量,就需要打造人设帮自己输出价值观,用清晰的人设告诉用户"为什么要看我的直播""为什么要在我的直播间购物""我会给你们带去什么样的福利、商品"等。

在直播销售领域常见的主播人设主要有四大类型:励志类、专业

类、低价类、企业家类，如图2-2所示。

图2-2　直播销售领域常见的主播人设的四大类型

（1）励志类：用价值观吸引用户

励志类主播是指直播内容以传播正能量、正向价值观为主的主播。这类主播比较容易跟用户建立深层情感认同。

励志类主播主要有以下4个特点。

一是重情义。

二是对粉丝真诚。

三是对弱势群体充满爱心。

四是用价值观、情感连接有相同经历的用户。

这类主播在直播间跟用户聊天的时候，一般会介绍自己成长的经历，输出自己的价值观，并获得用户的认同。用户认同主播的价值观意味着他们的价值观相同，对一些事物的看法是一样的。这种相同的价值观会对用户产生较强的吸引力，用户会因为认同主播的价值观而认同他在直播间销售的商品。

用户对主播的价值观的认同一旦产生就很难被打破,所以这类主播的粉丝黏性较强,直播间的商品转化率也较高。

如果企业内部有一些拥有励志故事的员工,如单亲妈妈、单亲爸爸或凭借自己的努力而取得辉煌成就的人,那么便可以将这些人打造成励志类主播。但是企业千万不能为了打造这类主播而造假,例如,为了吸引用户打造"单亲妈妈"的人设,虚构一些没有发生的故事。这种做法不但很难真正地打动用户,还很容易被用户发现并揭穿,导致人设崩塌,最终用户流失殆尽,影响企业形象。所以,企业在打造励志类主播的时候一定要谨慎,要基于事实选择真正励志,能够传播正确价值观的人。

(2)专业类:用既得利益吸引观众

专业类主播是指某个领域的从业者或对某领域有一定研究的主播。专业类主播一般又可以细分为两类。

一是专家类主播。这类主播多为有专业机构或身份背书的主播,例如医生、大学教授等。

专家类主播不是轻易能打造的人设,因为门槛比较高,需要机构或职称认证,且还要有专业的技术加持。所以,这类人设很难被复刻。但是,这类主播能够凭借专业的技术在短时间内迅速与用户建立信任关系,促进流量转化。

某三甲医院皮肤科的护士在直播的时候会亲身示范测评一些护肤品。在测评护肤品的过程中不仅会给出专业、科学的评价,最后还会给出自己推荐或不推荐的理由。这种直播销售就非常具有专业度和权威感，能够吸引用户观看并购买主播推荐的商品。

如果企业所在的领域属于小众又非常专业的领域，可以将企业拥有职称的专业技术人员打造成主播或者邀请行业领域内权威的专业人士做企业的主播。由于企业直播销售的频率和强度都比较大，所以不建议企业以某个人作为固定主播，建议打造一个拥有"专家人设"的直播账号，邀请不同的专业人士进行直播。

但是，如果企业的商品属于大众型商品且技术含量比较低，则不建议企业打造专家类主播的人设。尤其要注意的是，千万不要因为专家类主播能吸引用户就用虚假身份欺骗用户。这样不但很快会被揭穿，而且会得不偿失，以后很难在直播领域立足。

二是达人类主播。这类主播没有专业机构或职称作为背书，但是对某一个垂直类领域有深入研究，因此也具有一定的公信力。

相对于专家类主播而言，达人类主播的门槛就没有那么高，对专业背景没有很强的要求，但是要求主播在自己垂直领域有真才实学。例如，专注于家居生活类的主播，除了会给用户推荐一些好用的家居用品，还会分享一些实用的生活小妙招。这些小妙招就是基于主播长期对家居生活领域的深入体验和研究。如果这些"小妙招"在现实生活中根本是无用的，那么主播的人设就会崩塌。

打造达人类主播人设的要点在于在一个垂直领域精耕细作，切忌在多个领域跳转，这样不但不能吸引更多的流量，反而会降低自己的权威性。

对于企业来说，要打造达人类主播人设最好在企业所在的行业内进行深耕，且要定期对主播进行培训、考核，让主播对该领域的所有内容有充分、全面的认识，能够做到专业、严谨，让用户产生信任感。

（3）低价类：用性价比吸引用户

低价类主播是指能够给用户提供性价比高的商品的主播。低价类主播一般也分为两类。

一是背靠货源地的主播。例如水果、海鲜、珠宝等领域的主播，他们会用原产货源、无中间商做卖点，强调自己的商品物美价廉。例如，某原产地海鲜"种草"主播于2019年8月入驻抖音平台，在不到一年的时间内就收获1200多万粉丝，直播销售单场销售额最高突破百万元。

二是背后有强大供应链支持的主播。背后有强大供应链支持的主播可以打通链路中的各个环节，能最大幅度地让利给用户。例如，某个酒类主播与某酒类电商平台达成合作，该平台的领导告诉该主播，他们可以为其提供直播间销售的商品。达成合作后，该主播便开始在直播平台销售商品，取得了不错的效果。看到一些成绩后，该酒类电商平台加强了对该主播的扶持力度。在电商平台的大力扶持下该主播建立了10万平方米的仓储基地，储存超600万瓶酒。在如此强大的供应链的支持下，该主播迅速在酒类直播销售中成为头部主播。

对于生产型企业来说，打造低价类主播人设具有一定的优势，毕竟自己拥有商品的"定价权"。但是也存在一定的风险，用户可能觉得企业是在处理旧货、清库存等。所以，如果企业准备打造低价类主播人设一定要明确低价的理由,比如原产地直发、供应链强大等,让用户觉得"买到就是赚到"。

(4)企业家类:将品牌人格化

社交媒体时代,用户越来越倾向于和品牌直接对话,表达自己对品牌的喜爱或者不满。那么,企业家就是品牌的最佳代言人,他们通过直播和用户直接对话可以营造出一种平等感,同时也让用户对品牌有直观的认识。这也是企业直播销售中比较受欢迎的一种主播类型。

这里的"企业家"不一定是集团公司的董事长,也可能是一家中小企业的老板或者一家门店的店长,也可能是职业经理人,总之一定是在企业中拥有较高的话语权、能够有效解决用户问题的人。"企业家"直播会带给用户一种被尊重、被厚待的感觉,也会增加用户对商品的信任感——如果商品出现问题,他们不会担心找不到人解决问题。这种信任感会让直播销售中的成交转化变得更加简单。所以,越来越多的"企业家"开始加入直播销售的主播大军。

但是,打造这类主播人设同样存在一定的风险。作为企业、品牌的代言人出现在直播中,如果说了不该说的话或者做了不该做的事,毁掉的可能不是一场直播,而是整个企业、整个品牌。所以,以"企业家"形象出镜做直播销售的主播,一定要谨言慎行。

以上4个人设类型是直播销售主播常见的人设类型,不同的人设类型有不同的特点,企业要结合主播自身的特点、企业所在的行业、企业销售的产品等,为主播设计不同的人设。简单地说,不同的主播其人设定位不同，直播团队可以从以下4个方向提炼主播的特点和优势，对主播进行人设定位，如图2-3所示。

图2-3 人设定位的4个方向

一是职业。俗话说："三百六十行，行行出状元。"通常情况下，一个人的职业就是他的特长、优势。即便很多人的职业与所学专业不对口，但是或多或少都是因为在某一方面有突出的能力才选择了这份职业。因此，主播在进行人设定位的时候可以先从职业入手，例如，医生、教师、全职妈妈、律师、农民、创业者等。

从职业入手进行人设定位能够给用户呈现更加专业、权威的形象，但对主播的专业性要求较高，而且对主播的直播内容也有一定的限制要求。

二是外在形象的特色。外在形象的特色不局限于长相，还包括穿着风格等。不只是长相漂亮、帅气，身材姣好、健硕的主播才能打造外在形象方面的人设，任何外在形象有特征的主播都可以打造外在形象方面的人设。

某位女性博主身高为153厘米。2020年的《中国居民营养与慢性病状况报告》显示，在18～44岁的女性中，女性的平均身高在158厘米。根据这个报告来看,该博主的个子比较娇小。如果从固化的思维来看,该博主很难以身高为优势进行人设定位。但是该博主认为这正是自己的优势所在。她将个子娇小的这个特点与穿搭结合,将自己的人设定位为"153厘米小个子穿搭"。这种人设定位满足了一些个子娇小,想要通过穿搭显高的用户的需求,因此吸引了很多身材娇小的用户。

只要善于发现自己的外在形象优势,任何人都可以打造一个独一无二的人设。

三是性格。性格是一个人比较典型的特征,如可爱、豪爽、温柔、犀利毒舌、霸道、呆萌、无表情等,这也是人设定位的一个比较好的方向。

互联网时代,比起"好看的皮囊",越来越多的人开始追求"有趣的灵魂",性格是"有趣的灵魂"的一部分,所以越来越多的用户会关注一些性格特征鲜明的主播。因此,主播在进行人设定位时可以发现一下自己的性格特征,并以此为核心打造一个有趣的人设。

四是特长。每个人或多或少都有自己的一技之长,这个一技之长也可以作为主播的人设定位。例如,健身、旅游、学习、收纳、美食等。

某旅游公司的会计因为对旅游感兴趣并对该领域有一定的研究被公司选为直播销售的主播,以"旅游达人"作为人设定位,在直播中经常分享一些旅游中的见闻、关于旅游路线的建议、旅游中的注意事项等,吸引了大批粉丝,同时也为公司带来了很好的业绩。

特长源头往往是兴趣。所以，如果主播想以特长作为人设却又不知道自己的特长是什么，不妨先从发现自己的兴趣入手。从兴趣到特长，需要投入热情、精力去尝试、钻研、总结。

除了单一的人设定位，主播还可以将自己的特点、优势组合起来，打造一个综合型的人设，例如，一个会唱歌的厨师，一个会跳舞的美妆师，这样的人设会更丰满、立体，更吸引用户。但是切不可叠加过多的人设，也不能经常变换人设，这样会影响用户对人设的认知，很难形成记忆标签，不利于人设的打造。一般综合一两个特点即可，且要突出其中一个特点。

对于企业来说，主播的人设定位除了要突出其自身的特点之外，还要和企业所在的行业、销售的商品紧密相关。否则，将很难为企业带来销售业绩。相较于普通的直播主播，业绩是直播销售主播的核心命脉，没有业绩主播的人设就是无效的。因此，主播在进行人设定位时，还要结合行业领域、品牌定位以及商品特点进行思考。

3. 人设呈现：直播人设的"装修"技巧

成功的主播人设是要在用户心中形成深刻的记忆点，让用户主动为你贴上独一无二的标签。但是想让用户主动为主播贴上标签并不是一件容易的事情，主播还需要做的是采取一定的技巧对直播间人设进行"装修"，以将主播人设更加立体地呈现给用户。只有立体地呈现人设才有助于让用户形成深刻的记忆点，便于打造人设。

那么，如何"装修"直播人设呢？

"装修"直播人设的关键是要将商品的目标用户需求和主播的人设定位进行匹配，打造一个独特的记忆标签。具体来说，人设呈现分为三层，如图2-4所示。

```
┌─────────────────────────────────────────────────┐
│  差异层 →  外貌   性格   行为   语言            │  人
│    ↑                                            │  设
│  规划层 →  我是谁？ 我要干什么？ 我可以满足用户什么需求？ │  呈
│    ↑                                            │  现
└─────────────────────────────────────────────────┘
     ↑
   需求层 →  确认销售的商品的目标用户需求
```

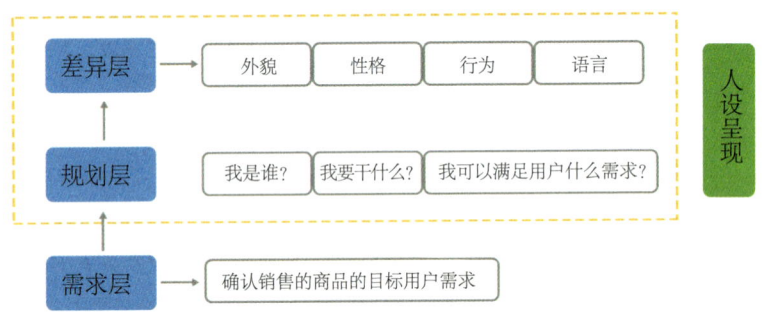

图2-4　人设呈现

第一层是需求层，即确认销售的商品的目标用户需求。

第二层是规划层，即确认"我是谁？""我要干什么？""我可以满足用户什么需求？"，也就是对人设的身份、行为和价值进行规划。

第三层是差异层，即从外貌、性格、行为和语言等人物呈现的角度打造差异化。

我们以销售美妆商品的主播为例来分析如何呈现主播人设。

第一步，确认美妆商品的目标用户需求。

确认美妆商品的目标用户需求其实就是指确定目标用户想通过美妆商品解决自己的哪些问题。要想了解这些问题可以对目标用户进行调研或者从网络上查找相关数据进行分析、总结。

通常来说，美妆商品的目标用户需求有美白、保湿、淡斑、抗皱等。不同美妆商品的目标用户需求不同，因此企业应根据自身商品的特征锁定目标用户，并研究、挖掘目标用户的需求。

第二步，回答3个问题，规划人设的身份、行为和价值。

"我是谁？"我是一个专业化妆师。（身份）

"我是干什么的？"我要在直播中为用户推荐美妆商品。（行为）

"我可以满足用户什么需求？"我可以满足用户选择适合自己的美妆商品的需求。（价值）

第三步，打造差异化。

外貌： 长相清秀，妆面干净、精致。

性格： 性格活泼、开朗、热情，善于与用户沟通，能够及时回答用户的问题并与用户进行互动。

行为： 动手能力强，能够亲自为用户示范、展示不同商品的上妆效果。

语言： 语言干练、直接，能够引导用户购买商品，如"这款粉底液非常适合新手，性价比很高，今天购买还可以买一赠一，非常划算"。

按照以上流程，一个专业的企业直播销售的主播形象就呈现在用户面前了。但是，这个主播是否具有较强的吸引力，能否为直播间吸引较大的流量，还要看主播的个人魅力如何。这就需要对主播进行个性化"装饰"，具体可以采取以下两种方式。

（1）有特点的自我介绍

自我介绍看似是一件不重要的事情，但是却是人设呈现的关键环节。很多主播一句简单的自我介绍就能呈现出典型的人设。

例如，某主播的自我介绍"大家好，你们的'魔鬼'×××又来咯"。这句话都很简单，但是因为他们会反复在直播的时候介绍，所以在用户心中留下了深刻的记忆。

所以，主播要为自己设计一个有特点的自我介绍，既要在自我介绍中体现出自己的"人设"，还要在直播中不断地重复，以增强人设的呈现效果。

主播可以用简短的一句话呈现自己的人设，也可以在自我介绍的时候介绍自己的专业、爱好、兴趣、经历等。例如，"大家好，我是一个天天要加班的程序员某某"。当主播在自我介绍中将一些私人化的事情与用户分享，用户便会跟主播建立情感连接，对主播的人设也会记忆更加深刻。

（2）在互动中强化人设

互动是直播销售有别于其他销售模式的一个特点。除了利用自我介绍单方面强调人设之外，主播还可以在和用户互动的过程中强化人设。

在互动中强化人设要求主播要时刻明确、谨记自己的人设定位，并在直播间通过自己的语言和肢体动作呈现自己的人设，强化自己的人设。

人设呈现也是打造人设的关键一环，如果主播只是对人设进行简单定位，没有进行立体化呈现，主播的人设同样是不清晰、不精准的。如此一来，主播吸引的用户可能就不够精准，有些用户并不是企业商品的目标用户，导致在销售商品环节成交转化不太理想。所以，主播一定要重视人设呈现，无论是对目标用户需求的分析，还是对人设身份、行为和价值的规划，还是个人在直播中的形象，都不可以忽视。

4.人设养成：从公域到私域的持续性

打造主播人设的最终目的是将观看直播的用户转变成主播的粉丝，即从公域流量转变为私域流量，进而实现流量持续变现。这个过程就是主播人设养成的过程。

从人设定位到人设呈现再到人设养成，并不是一朝一夕可以完成的事，也不是一场直播几句话可以完成的事。这其中需要平台、企业、主播多方的配合，还要在平台宣传、直播内容设计以及用户交流的各个环节不断地强化人设。

2020年4月1日锤子科技创始人罗永浩在抖音开启了直播销售首秀，3小时销售额超1.1亿元，累计观看人数超4800万，创下抖音直播销售新纪录。

很多观看直播的用户说老罗的加入让原本就很热闹的直播间更加有趣、搞笑。"有趣、搞笑"其实就是罗永浩的人设。仔细研究罗永浩的人设养成之路我们可以发现，罗永浩的平台宣传、内容设计和用户交流都非常符合他"有趣、搞笑"的人设。

在直播过程中，只有从平台宣传到内容设计再到用户交流的过程中都符合主播的人设，才能不断地强化主播在用户脑海中的印象，形成深刻的记忆标签，进而促进用户转化成粉丝。所以，在直播销售之前，主播就要有这样的人设养成的意识，在宣传文案、直播内容、与用户交流的过程中都要体现人设，如图2-5所示。

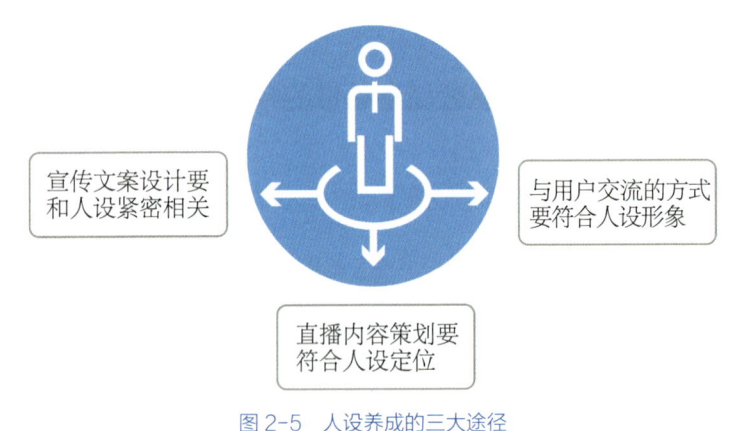

图2-5 人设养成的三大途径

（1）宣传文案设计要和人设紧密相关

在做直播销售之前，企业和主播通常会在各大平台发一些宣传文案。这个时候其实就是人设养成的开始。企业和主播要将之前呈现出的人设宣传出去，让用户知道主播是一个什么样的人。

罗永浩在直播首秀前5天和前2天的时候分别发了两条直播销售的宣传文案。

直播销售前5天宣传文案：

"如果不是全网最＿＿＿，

怎么还会让上千万人挤在一个屋子里买东西？

还有5天

罗永浩某某（平台）独家直播带货首秀，2020年4月1日晚8：00"

直播销售前2天的宣传文案：

"如果不能涨＿＿，

怎么会让这么多人花了钱之后还心怀谢意？

还有2天

罗永浩某某（平台）独家直播带货首秀，2020年4月1日晚8：00"

罗永浩的这两个宣传文案的第一句话都没有说完，而是留了一个悬念。悬念后面紧接着的表达是"怎么还会让上千万人挤在一个屋子里买东西？""怎么会让这么多人花了钱之后还心怀谢意"，这两句话十分有趣。这种宣传文案会让用户不禁发出感慨"这的确是罗永浩的作风，有趣、搞笑"。当用户发出这样的感慨时，罗永浩的人设养成之路就已经取得了初步的成功。

实际上，宣传文案的传播作用非常强，它不仅可以帮助主播传递直播销售的相关信息，还能够帮助主播呈现人设、强化人设、养成人设，罗永浩的身上就很好地体现了这一点。所以，企业和主播不能忽视宣传文案对人设养成的作用，要学会通过宣传文案去养成人设。

（2）直播内容策划要符合人设定位

直播内容包括直播的主题、销售的商品、销售的形式等。如果直播内容和主播的人设定位不相符，就会出现直播的氛围尴尬、不协调的情况，导致用户以为自己进错了直播间，转身就离开。所以，人设养成的第二个关键是直播内容策划要符合主播的人设定位。

同样以罗永浩的直播首秀为例。

罗永浩直播首秀的主题是"不赚钱，交个朋友"。"不赚钱，交个朋友"这个主题虽然不是十分明确，但是这种幽默风趣的表达方式非常符合罗永浩的"有趣、搞笑"的人设，容易吸引一些用户进入罗永浩的直播间。

罗永浩首秀直播销售的商品主要分为三大类，分别为"吃货最爱"，如雪糕、酸奶等；"宅家生活快销品"，如钢笔、洗衣液等；"科技感超强的3C系列"，如录音笔、扫地机器人等。这些商品分类命名中的关键词"吃货""宅家""科技感超强"就非常有趣。这种选品也能让用户感觉到罗永浩的做事风格果然不同，进而愿意留在直播间看看他究竟会带来什么样的惊喜。

罗永浩的直播销售形式不是刻板的商品介绍，而是有趣、搞笑的商品分享。例如，罗永浩在销售一款钢笔的时候说："这就是练练手，卖着玩的。"虽然罗永浩没有卖力地呼吁用户购买，但是用户纷纷主动下单。相比刻板的商品介绍而言，用户其实更加喜欢这种有趣的，像跟朋友聊天一样的商品分享方式，因此愿意购买罗永浩分享的商品。

从罗永浩首秀直播销售的主题到罗永浩选品以及销售形式可以看出，罗永浩将"有趣、搞笑"的人设贯穿整个直播销售的始终。可见只有在直播内容中始终如一地呈现人设、强化人设，才更加利于养成人设。因此，企业和主播要注意的是直播内容策划一定要符合人设定位。

（3）与用户交流的方式要符合人设形象

从公域流量到私域流量，从用户到粉丝，这中间要发生转变的关键在于：情感连接和信任。主播要想跟用户产生情感连接，让用户信任自己就需要跟用户进行深入交流，且交流的方式要符合主播的人设形象，否则会让用户感到不适，不愿意继续观看直播。

还是以罗永浩的直播首秀为例，罗永浩在跟用户交流的时候也在认真做人设养成的工作，因为他的一言一行都非常符合他的人设形象。

罗永浩在直播一开始跟观众说："我们先玩一个'老梗'，就像我在锤子手机发布会上那样出场。你们现在就当我没有出现过。我出去一下，然后重新走进来，像领导一样朝你们挥手，然后你们就可以欢呼了。"说完这句话后，罗永浩走出了直播间，伴随着直播间不断的评论和现场工作人员的欢呼声，罗永浩再次出现在了直播间，然后害羞地笑了。这个有仪式感的互动开场让用户认为"这果然是老罗喜欢干的事"，让他们更有兴趣继续观看直播。

从宣传文案到直播内容再到与用户交流的方式，罗永浩始终围绕"有趣、搞笑"的人设进行，这也是用户、粉丝熟悉的他，在这样熟悉、立体的人设面前，很多用户表示被罗永浩圈粉了。罗永浩"有趣、搞笑"的人设也逐渐养成，并为罗永浩成为直播销售领域的头部主播奠定了基础。

企业的直播销售主播或许不能像罗永浩那样快速养成一个圈粉的人设，但是必须坚持人设养成的意识，通过一场又一场直播的坚持，通过独特的、一致的、立体的人设慢慢把直播间的用户转变成粉丝，为更好的销售业绩夯实基础。

5. 人设引爆：设计专属的记忆点和传播点

引爆人设，即让人设有记忆点和传播点，让用户能牢牢记住你。

例如，某主播的"OMG（'Oh,my God'的3个英文单词的首字母缩写），买它，买它，买它"等。他说的话就像有一股魔力一样，会让用户忍不住去分享、传播。只是短短的一句话就形成了记忆点和传播点，成功地引爆了人设，可见这些话的魅力所在。那么，如何才能像这样设计专属的记忆点和传播点引爆人设呢？

设计主播专属的记忆点和传播点可以从以下4个方面入手，如图2-6所示。

图 2-6　设计专属的记忆点和传播点

（1）设计口号

一个好的口号就是一个人设的超级符号，是人设成功的关键。某主播的"OMG",短短的一句话就能在短时间内占领用户的心智高地,强化主播的人设。

主播要想设计出有记忆点和传播点的口号,可以从以下3个方面展开思考。

一是账号属性。例如,某设计师的口号是"爱设计超过爱男人"。

二是主播特点。例如,有一个普通话不是很好的设计师,她的口号是"普通话很普通,设计不普通"。普通话不好就是她自身的特点,也是一个有特色的记忆点和传播点。

三是利益点。例如,某美妆博主的口号是"让化妆新手快速上路"。

除了以上3个方面外,主播还可以参考那些有记忆点和传播点的口号,去设计适合自己的口号。但是,要注意参考不是抄袭,主播一定要结合自身的特点设计口号。

(2)贴上标签

标签是对主播人设的辅助定性,能够让主播的人设更丰满、立体,起到强化人设、引爆人设的作用。此外,精准的标签还能起到精准引流的作用。所以,主播要想引爆人设,也可以为人设贴上标签。

例如,农村出身的某主播在平台上为自己贴上的标签是"农民的儿子,百姓主播"。该主播结合自己出身农民的身份将人设标签化,这样不仅可以进一步增强他的人设,还可以顺理成章地为他的农村电商销售埋下伏笔。

标签很容易成为人设的记忆点和传播点,所以,主播不妨根据人设定位设计一个独特的标签,以强化用户的记忆。标签一经贴上,短时间内最好不要更改。因此，主播在设计标签的时候，还要考虑直播账号的价值和未来的发展方向，即该账号将在哪个领域销售哪些商品。如果忽视了这一点，可能会给自己未来的直播销售带来隐患。

（3）借助道具或标志性动作

除了口号和标签，主播还可以借助道具或标志性动作建立专属的记忆点和传播点。

例如，美食播主每次直播都拿着一把很大的勺子，草莓基地博主每次直播面前都摆满草莓等，都属于借助道具建立专属的记忆点。

除了道具外，主播还可以设计一些标志性的动作来建立记忆点。例如，某主播设计了几个比较有趣的舞蹈动作，每次在直播人气比较高的时候他都会用这几个舞蹈动作跳一段舞蹈，很多用户都很喜欢，甚至有人模仿他的舞蹈动作拍摄短视频进行传播。

所以，主播不要局限自己的思维，任何一个表情、道具、动作都可能成为记忆点和传播点。

（4）名号

好的名号跟口号一样，是很强的记忆点和传播点，例如"口红一哥""农民的儿子"等都属于比较容易记住的名号。名号一般是由账号的垂直度决定的。一个好的名号需要遵循以下3个原则。

一是容易记忆。容易记忆是一个好的名号的关键。容易记忆的名号一定是简洁、明了的，字数不宜太多，最好控制在5个字以内。

二是和主播或商品有强关联。例如，"口红一哥"和主播销售的商品"口红"强关联，"农民的儿子"和主播的身份以及主播销售的农产品强关联。

三是好的寓意。人们都喜欢美好的东西，对于主播的名号也是如此，所以，主播的名号一定要有一个好的寓意。

设计专属的记忆点和传播点只是迈出了引爆人设的第一步，接下来主播还要在直播以及营销宣传中不断地强化记忆点、传播点，既让进入直播间的用户产生深刻的记忆又要引发传播。当然，打造人设不是一蹴而就的事，不断迭代、调整将是主播打造人设的常态，因此我们要学会客观地看待人设，保持耐心。

此外要强调的是，人设不是万能的。一场成功的直播销售除了人设外，还需要企业的其他团队和主播高度配合，需要平台和品牌的口碑，需要做好营销工作、售后服务工作等。但是从整体情况看，为直播间打造 IP 和人设是吸引流量的重要策略，所以无论是企业还是主播都要重视这项工作，并放在直播销售开始之前去做。

第3章 选品逻辑：
商品本身 + 平台定位 + 主播人设

  选品是直播销售中至关重要的环节。如果没有选对商品，即便直播间的流量再多，可能也无法实现转化。所以，企业和主播一定要掌握选品逻辑，合理、科学地为每一场直播选择合适的商品。

1. 选对商品才能实现高转化

"选品"即选择商品。就像门店进货一样，每一场直播销售都有一个选择本次直播销售哪些商品的环节。选择什么样的商品对直播销售的结果至关重要，因为直播销售的主角是商品，只有选对商品才能实现高转化。

很多人认为直播销售的主角是主播，因为直播间里有很大一部分用户是冲着主播来的。我们不否定存在这种情况，但是大多数用户观看直播销售的目的其实是"货"，是为了购买物美价廉且自己需要的商品。即便有一些用户只是因为喜欢主播而进入直播间，但在直播间的销售氛围下，最终也可能会因为看到某款心仪的商品而从粉丝转变为购买者。

例如，某明星的粉丝最开始只是因为喜欢该明星而去观看直播，结果在明星的直播间发现销售的某品牌的电热水壶款式好看、功能齐全，于是便动了心，购买了一台电热水壶。

从本质上说，直播销售的主角不是主播，而是商品本身。在直播销售中主播只是一个分享者、展示者，就像我们在商场购物时，商品才是目的，售货员并不是。换句话说，主播和平台都是为商品服务。只有商品选对了，用户才会有购买的意愿，才能够吸引更多的潜在用户并促进他们转化。因此，企业做直播销售要想实现高转化就必须注重商品的选择。

某知名直播销售主播在选品时有3条硬性规定：可溯源、动态评分在4.8分以上、商品评价无差评。除了这3条硬性规定外，她还会要求选品团队多轮试吃、试用。到最后，基本上只有10%的商品能在她的直播间亮相。

从该主播选品时的硬性规定我们可以对直播销售的商品选择逻辑窥见一二。那么，到底什么样的商品适合在直播间进行销售并且能够实现高转化呢？如图3-1所示。

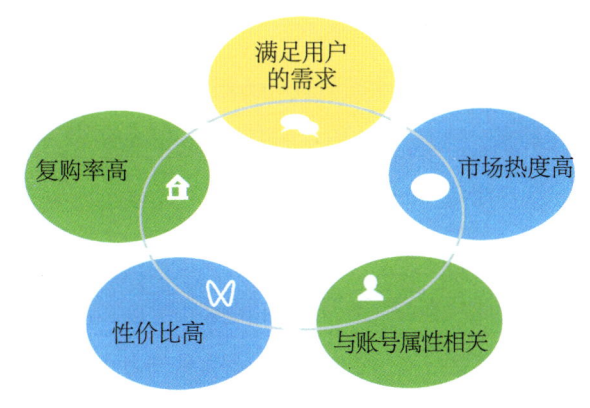

图3-1 适合在直播间销售并且能实现高转化的商品特征

（1）满足用户的需求

用户购买商品的关键是该商品能够满足用户的需求。所以，直播销售的第一个选品逻辑是商品能够满足用户的需求。

一般在直播互动的过程中，用户会主动表达自己的需求，或者会在主播的直播预告文案或短视频下方留言，说明自己的需求。

例如，进入冬季的时候，一些用户在主播的直播预告短视频中留言"冬天皮肤干燥，能不能推荐一款保湿霜"。

主播可以通过对上一次直播互动中用户提到的需求进行整理，也可以通过直播预告方式收集用户需求信息，然后针对比较广泛或者需求量比较大的用户需求选择相关的商品。

（2）市场热度高

我们不提倡主播跟风选品，因为跟风容易出现同质化现象，影响主播的口碑。但是一些市场热度高的商品的确又是大部分用户想要购买的，所以在选品环节，主播可以根据实际情况选一些市场热度较高的商品。市场热度高的商品主要有以下3类。

一是季节性商品。当季的商品一般都比较畅销，例如，夏天的防晒霜、驱蚊水等。

二是节假日商品。一些传统节日，用户都会购买一些礼品赠送亲朋好友。例如，中秋节需要购买月饼，端午节需要购买粽子，春节需要购买年货等。这些商品在节假日的市场热度一般比较高。

三是热门商品排行榜上的商品。有些直播销售的数据分析平台会制定一个热门商品排行榜。上榜的商品都是用户购买较多，当前市场热度较高的商品。

（3）与账号属性相关

账号属性是指直播账号的定位，如美食账号、美妆账号。主播在选品时一定要选择与账号属性相关的商品。例如美妆账号可以选择粉底液、眉笔、卸妆水等美妆类商品，不宜选择零食、服装等商品。对直播账号进行精准定位并坚持选择与账号属性相关的商品，一方面可以提高主播对商品的熟悉度，便于主播向直播间的用户详细、全面地介绍商品，另一方面也符合用户对直播间的预期，更加有助于提升商品的转化率。

（4）性价比高

在以"优惠"为主要标签的直播销售中，商品的性价比是选品时必须关注的条件。无论是选择满足用户需求的商品，还是选择市场热度高的商品，主播都要确保商品的品质高、价格合理。如果是品质差不多的同款商品，"低价"往往对提高转化率有非常大的影响。

（5）复购率高

复购率是指用户对商品的重复购买次数，是衡量商品转化的关键指标。复购率越高，商品的转化率才能越高。所以，主播在选品时也要关注该商品的复购率如何。例如，日常用品的复购率比较高，商品房的复购率就比较低。

此外，主播的直播间用户群体相对较稳定，不容易快速增加新用户。商品的购买频次不但会直接影响直播的收益，还会影响用户的活跃度。例如，某主播的直播间以销售商品房为主，那么在该直播间购买过房子的用户可能就不会再关注该主播，因为他再在直播间买房子的可能性很小。相反，如果该主播的直播间是以销售零食为主，那么在该直播间购买过零食的用户如果觉得该零食很好吃就很有可能会再次进入直播间继续购买该零食。

当然，影响商品转化率的因素或许还不止这些，还需要企业和主播多探究，发现更多的影响商品的转化率的因素，并由此入手去提升商品的转化率。

在直播销售中已经取得一些成绩的罗永浩曾在一次采访中指出，直播销售的核心是选品。无论主播的名气有多大，企业和主播在选品、价格、营销及服务上都必须花更大的功夫，不辜负用户"隔着屏幕的信任"，也唯有如此，才能达到多赢。这或许就是罗永浩直播成功的秘诀，也是想在直播领域取得一些成绩的企业、主播值得学习和借鉴的地方。

2. 选品的 4 个步骤

直播销售的选品工作一般遵循初筛、试样、定价（洽谈价格）和主播试用 4 个步骤，如图 3-2 所示。

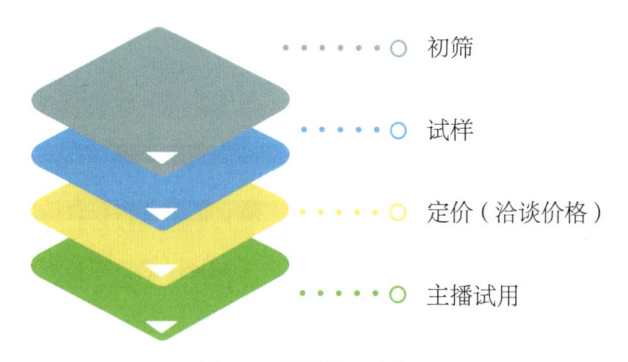

图 3-2 选品的 4 个步骤

（1）初筛

初筛是指对商品进行初步筛选。直播销售选品环节的初筛分为两种情况：一是企业对自家的商品进行初筛；二是主播对企业的商品进行初筛。

一些企业在进行直播销售的时候会认为只要是自家的商品就不需要进行初筛，这种想法存在一定的误区。因为直播销售不是传统的商场售货，我们不能将所有的商品都摆在货架上，只能选择一部分商品进入直播间进行销售。企业对自家的商品进行初筛的时候可以参考我们在上一节介绍的5个标准，选择适合在直播间销售并且能够实现高转化的商品。

主播对商品进行初筛主要是指专业的直播销售主播对合作的企业提供的商品进行初步筛选。通常情况下，主播在直播之前会通过招商团队进行招商。招商方式通常分为线上和线下两种。线上招商采取的方式一般是在网上发布一个直播销售报名链接，企业可以通过链接在网上报名。线下招商是指主播方跟有意向合作的企业面对面洽谈。无论是线上还是线下，主播方的招商团队都要根据品牌知名度、各平台的评价以及用户需求等标准对报名的商品进行初步筛选。

（2）试样

对商品进行初步筛选后，下一步企业和主播要做的就是对这些初步筛选出来的商品进行试样。为了避免直播销售过程中出现"翻车"的情况，无论是企业还是专业的直播销售主播都最好组建一支专业的商品体验团队。团队的人数需根据实际情况来定，可以是3~5人，也可以是上百上千人。通常来说，**只有80％以上的商品体验者认为商品好才能通过试样**。

如果涉及新的美妆、美食类商品，那么体验团队一定要有化工专业的博士、医生等专业人员检验商品的成分，并且要出具专业的检验报告。否则，很可能会给直播销售埋下不可设想的隐患。

（3）定价（洽谈价格）

这个环节对企业来说是要制定一个能够吸引用户的价格。对主播来说是洽谈价格，即通过与企业进行价格谈判，尽可能把商品的价格降到最低或者为直播间的用户争取到更多的福利。

为了实现高转化，定价（洽谈价格）时应当采取两种定价策略。

一是引流价格。引流价格又称"低价策略"，是指用"1.1元""9.9元"等价格吸引用户。虽然这样的商品肯定会亏损，但是却能够为直播间吸引大量流量，帮助直播间拉新，并且可能会带动其他商品的销量。

二是获利价格。获利价格是指能够给企业和主播带来利润的商品价格。利润价格如何制定需要根据商品的特征、市场价格以及企业和主播的利润目标等因素制定。获利价格一般会采取两种定价策略：一种是组合定价，即由两款以上的商品组合销售或者由两件以上的同一款商品组合销售；另一种是单品定价，即销售单一品类的商品。单品利润款的售价一般比较高，商品数量却较少，所以直播间一般更注重组合定价策略。

例如，第一件99元，第二件69元，第三件1元。这种定价策略不但能够给用户带来优惠力度大的感觉，还能够提高人均购买数量，提升商品转化率。

总的来说，在定价环节，一定要确定哪些商品的价格定为引流价格，哪些为获利价格，这两个价格组合在一起才有可能吸引更多的用户，实现高转化。

(4) 主播试用

很多企业或主播只做到第三步就认为选品环节结束了。如果在第三步就结束了，他们在直播的过程中可能会遇到一些问题，如主播对商品不熟悉，主播对商品进行解说的时候言不由衷，等等。

这些问题会直接影响直播间用户的体验感，进而会影响直播销售的转化率。为什么会出现这种问题呢？因为主播没有对商品进行试用。所以，主播亲自试用是选品的最后一个环节，也是最为关键的一个环节。

和"试样"环节重点关注商品的质量不同的是，主播试用环节重点关注的是主播对商品细节的了解以及对商品的体验感。对商品细节的了解便于主播在直播销售的过程中详细、具体地为用户介绍商品，也便于主播流畅地回答用户提出的问题。对商品的体验感能够帮助主播识别商品是否符合直播间用户群的需求，进而确定这类商品要不要出现在直播间。

在主播试用环节，主播对商品有一票否决权，即如果主播试用之后对商品的某方面感到不满意可以直接拒绝商品进入直播间。但是，主播不能无缘由地否决商品，也需要出具体验报告，说明否决的理由。

直播团队要对被主播否决的商品进行新一轮的论证，谨慎决定该产品是否进入直播间进行销售。

直播销售选品的4个步骤是一个严谨的流程，任何一个环节出现问题，都会影响后续的直播及销售的结果。所以，企业和主播在选品的各个环节都应当把好关，确保进入直播间的每一款商品都是层层严格筛选出来的。

3. 六维分析法：将什么商品销售给什么人

高转化率的直播销售的典型特征是清楚要将什么样的商品销售给什么样的用户。关于这个问题，我们可以采用六维分析法，分别从用户、市场、主播、供应链、同行、主题等6个维度进行分析（图3-3）。

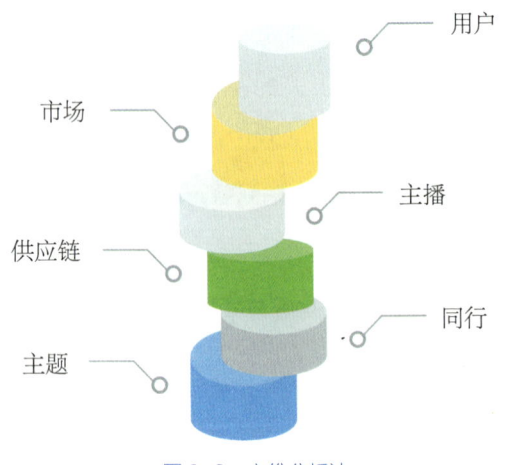

图 3-3　六维分析法

（1）用户

直播间的受众是用户，所以我们首先要分析用户群体的特征。一般直播平台都会提供用户画像，图3-4为某直播平台的某个账号的用户画像。

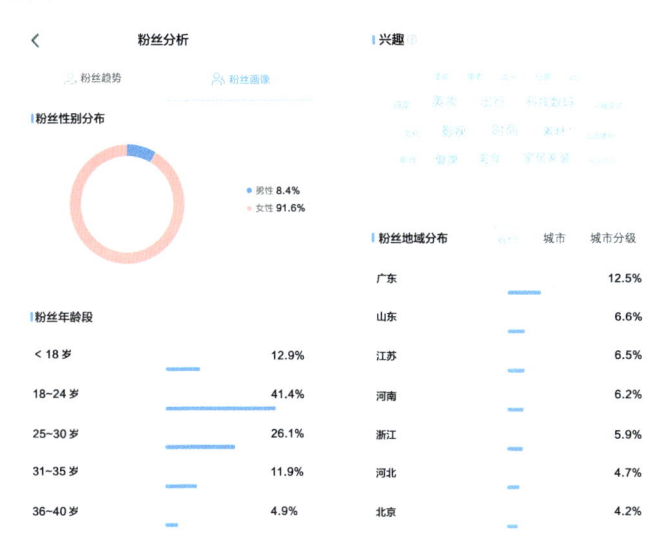

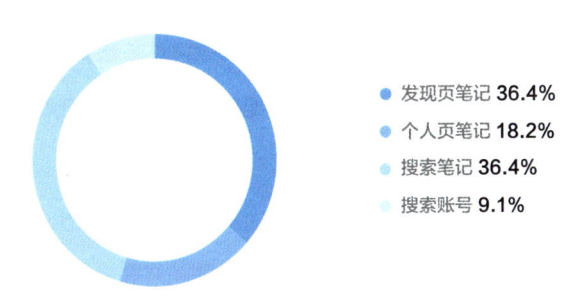

图 3-4　某平台的某个账号的用户画像

用户画像一般会呈现用户的男女比例、年龄段、兴趣领域、城市以及用户来源等4个方面的信息。例如，通过对某平台的某个账号的用户画像进行分析，我们可以知道该账号的用户群体主要是年龄在18~24岁的女性，对美妆、时尚、影视、家居家装等领域比较感兴趣，那么企业或主播在选品的时候便可以选择美妆或时尚领域的商品。

企业或主播在选品前要先登录平台账号，通过用户画像了解目标用户的相关信息，然后明确自己要将什么样的商品销售给目标用户。

（2）市场

在前面我提到市场热度比较高的商品更容易实现高转化。所以在选品环节，我们需要从市场角度进行深入分析，了解市场中比较热门的商品是什么或者什么样的商品才能获得较高的市场热度。

在前面我们提到市场热度高的商品主要有3类，季节性商品、节假日商品和热门商品排行榜上的商品。除了这3类商品外，企业还应当深入挖掘市场的消费需求，找到满足消费者需求的商品。只有真正能够满足市场需求的商品，才是真正意义上的热度高的商品，才能实现高转化。

要深入了解市场的消费需求可以采取两种策略。

一是通过市场问卷调研分析。企业可以根据想了解的市场信息制作一份市场调研问卷，然后邀请目标用户填写。如果只是让他们填写调研问卷，很多人可能不愿意浪费时间做这件事，所以在制作调研问卷的同时不妨准备一份小礼品。用户只要填写调研问卷就可以免费获得一份小礼品，这样既能提升用户填写问卷的兴趣，也能增进与用户之间的情感连接，便于后期的直播销售。

二是通过网络数据分析。一些市场热度高的商品往往是各大主播在各个平台推荐的商品。所以，通过网络数据分析也是进行市场分析的一种有效方法。网络信息比较多且杂，为了确保数据的可靠性可以查看一些专业的数据分析网站或查看头部主播在官方平台发布的数据。

市场热度高的商品虽然能够达到一定的转化率，但是主播在直播间不能只销售热度高的商品，一是热度有一定的时效性，也许等主播上架商品的时候热度就已经退去了，二是热度高的商品并不一定符合账号的属性，过度销售热度高的商品可能会降低账号的影响力。所以，热度高的商品应当与其他商品配合销售，不宜为了热度只选择单一的商品在直播间销售。

（3）主播

除了商品本身，主播也是直播销售中的关键角色，所以选品环节也要从主播的角度分析，具体要关注以下两点。

一是商品应符合主播的人设定位。如果主播的人设定位比较明确，建议选品的时候选择符合主播人设定位的商品。例如，美妆类主播选品的时候应选择美妆、护肤类商品，美食类主播则要选择调料、锅具类商品。这样更容易建立用户信任。

二是主播认可并对商品感兴趣。兴趣是最好的老师，只有主播认可并对商品感兴趣时，他们在直播中才能投入热情。所以，选品的时候也应当考虑主播的兴趣。

例如，某零食类主播对高科技类的商品不是非常感兴趣，因此无法耐心去了解这类商品的相关知识，那么即便高科技类的商品利润再高，选品的时候也要尽量避免选择此类商品。

主播是直播过程中商品的分享者、介绍者，只有当他们认可商品并感兴趣的时候，他们才会在直播销售的过程中热情地向用户分享、介绍商品。所以，选品的时候不可忽视主播的想法。

（4）供应链

供应链是指商品生产及流通过程中，涉及将商品或服务提供给终端用户的上游与下游企业所形成的网链结构。根据供应链选品是指按照商品的生产到销售的整个流程体系来选择商品。根据供应链选品应当关注以下几个问题。

一是供应链上下游是否够专业。例如，主播的上游是企业，如果企业不够专业，那么选择该企业的商品很可能会为直播销售带来隐患。再例如，生产企业的下游是物流企业，如果物流企业不够专业，出现送货不及时、货物运输导致破损等问题，不但会影响生产企业的信誉，还会影响直播销售的口碑以及后续转化。所以，选品的时候应当关注供应链上下游的专业度。

二是供应链上下游反馈是否及时。例如，当直播销售过程中出现库存不足的情况时，上游是否能及时调配库存。

从某种程度上，直播销售未来的竞争是供应链的竞争。专业度高、反馈及时的供应链保障不但决定了商品在直播间的转化率，还将对企业的直播销售之路产生更加深远的影响。所以，无论是企业还是主播在选品时都不可忽视对供应链的分析。

（5）同行

当我们不清楚要将什么样的商品销售给什么样的用户时，不妨看看同行在怎么做。这并不是说要抄袭对方，而是学会从对方身上找灵感。观摩同行的时候我们可以采取两种策略。

一是销售与同行一样的商品。如果同行的某款商品的转化率很高，那么我们可以效仿同行，在直播间销售同类商品。虽然是同类商品，但是我们可以用不同的主播、风格和形式进行销售，而不是抄袭对方。

二是销售与同行不一样的商品。这种策略就是"反其道而行之"。用户都有求新求异的心理，当我们能够出其不意，销售和同行不一样的商品时也能吸引用户购买。

所以，在直播销售的选品环节，不能只埋头看自己有什么，更要看看同行有什么，在销售什么。

（6）主题

一般直播销售活动都会有一个主题，如"家居专场""护肤品专场"等。很多主播在商品选定后才设计直播销售的主题，实际上在选品之前就应该考虑并确定直播销售的主题，然后根据直播销售的主题选择商品。否则，可能会出现选择的商品五花八门，各种各样的都有，很难提炼出一个合适的具有吸引力的主题。

将对的商品销售给对的用户是提升直播销售转化率的关键，所以在选品的时候，企业或主播一定要从以上6个方面进行全面、完善、深入的分析，找出对的商品和对的用户，然后将他们链接在一起。

4. 选品规划：对商品进行分类和定位

一般来说，一场直播销售不会只销售单一类目的商品，即便是品牌的专场也会选择多样化的商品，以满足不同用户的需求。但是如果商品的品类比较丰富，那么很可能在直播中出现两种混乱的情况，一是主播不知道要向用户分享哪些商品，二是用户也搞不清楚主播到底在主推哪些商品。这种混乱的情况会降低用户的观看体验感，直接影响商品的转化率。所以，为了确保直播能够有序进行，让用户有更好的观看和消费体验，企业和主播还应当做好选品规划，对商品进行分类和定位。

对商品进行分类和定位之前企业和主播需要明确一场直播一般需要哪些商品，一些新手主播对于这个问题可能无法给出具体的答案。他们可能认为企业提供什么样的商品就销售什么样的商品。这种想法也没有错，但是如果这样做的话商品的转化率就无法保证。

一场高转化率的直播销售中通常会有以下3类商品。

一是引流款商品。在本章第2节中我提到了引流价格，与引流价格对应的就是引流款商品。引流款商品也可以称为福利商品或粉丝福利。例如，"1.1元包邮""9.9元包邮"的商品，如图3-5所示。

图3-5 某主播直播间的引流款商品

引流款商品的主要目的是引流。如果直播间缺少这类商品,那么将很难吸引用户进入直播间观看。所以,一场高转化率的直播中引流款商品必不可少。

二是利润款商品。利润款商品对应的是本章第2节提到的获利价格,要想获利就必须准备利润款商品。利润款商品是直播间主要的赢利商品,是企业和主播主推的商品。这类商品虽然流量不大,但利润空间大,是直播销售的利润担当。

三是主打爆款商品。主打爆款商品是最具性价比的商品,这些商品的销售往往决定了转化率的高低。这类商品一般是市场热度高或者用户呼声比较高的商品。如果缺少这类商品，用户可能会在观看引流款商品后就直接关掉直播。所以，能不能将用户留到最后，能不能实现高转化的关键在于主打爆款商品。

明确一场直播销售中需要以上3类商品后，主播便可以据此对已经选择的商品进行分类和定位。

（1）根据商品的特点对商品进行分类和定位

根据商品特点对商品进行分类和定位是比较简单、直接的方式。

例如，某款商品的市场热度较高，用户呼声也比较高，那么可以直接将该商品分类和定位到主打爆款商品。

同理类推，价格较低且很受用户欢迎的商品可以分类和定位到引流款商品，利润较高的商品可以分类定位到利润款商品。

这种分类方式虽然比较简单，但也存在比较明显的弊端，因为企业和主播对自身的商品或多或少存在一些主观认识。例如，他们很喜欢企业的某款商品且自己认为性价比较高，于是便将此款商品定位到"主打爆款商品"。这种主观认识会影响他们对商品的判断，导致选品规划看似完善但实际上无法吸引直播间的用户，进而影响商品的转化率。

（2）根据市场调研对商品进行分类和定位

很多时候，商品的分类和定位不是由企业和主播决定的，而是由市场决定的。所以，企业和主播在对商品进行分类和定位的时候，事先需要进行一定的市场调研。

进行市场调研后，企业和主播将获取一些数据，这些数据涉及的信息有满足用户需求的商品、市场热度比较高的商品或者用户比较期待的商品。在获得这些数据信息后，企业和主播需要对这些数据信息进行整理、总结，得出哪些商品可以作为引流款商品、哪些可以作为利润款商品以及哪些可以作为主打爆款商品。

可见，无论采取以上哪一种方式，我们最终都是按照引流款商品、利润款商品和主打爆款商品对直播间的商品进行分类和定位。因为这种分类方式更有利于直播流程的设计，也更有利于主播在直播间快速判断以什么方式推荐商品。

一般来说，引流款商品会放在直播开头阶段，用来做限时限量秒杀，如只有100个、1000个。这个阶段，直播间的人气就会高涨。当用引流款商品让直播间的人气达到一定的高度后，便可以上利润款商品。爆款商品是留住用户的秘诀，往往会留到最后才在直播间进行推荐。

所以，在对商品进行分类和定位之后，直播团队还应当按照引流款商品、利润款商品、主打爆款商品的顺序将商品摆放整齐，同时也按照这个顺序和主播确认直播的流程。

在选品规划阶段，对商品的分类和定位越清晰，越利于主播在直播销售的过程中有条不紊地向用户分享商品，提高用户在直播间的观看频次和消费体验感，促进商品转化。

5. 根据商品类别做好库存配置

在直播销售的过程中，企业和主播最担心的事情莫过于没有做好库存配置。当库存出现问题时，一来会直接影响商品的转化率，二来会影响用户的信任，用户可能会认为企业和主播只是打着特价的噱头，根本没有配备相关的商品，进而会影响用户购买，甚至会影响后期的复购。为了避免出现这类问题，企业和主播还应当根据商品类别做好库存配置。

（1）根据商品分类确定商品的数量

在上一节我们提到一场直播通常需要配置3类商品，分别为引流款商品、利润款商品和主打爆款商品。在做库存配置的时候企业首先就要确定这3类商品的数量。

直播销售需要的商品的总量要从两个方面衡量：一是主播的粉丝体量，二是供应商（企业）的规模。

主播按照粉丝体量一般可以分为头部主播、腰部主播和尾部主播。头部主播一般拥有千万级别的粉丝，腰部主播一般拥有百万级别的粉丝，而尾部主播一般拥有十几万或几万粉丝。粉丝体量不同需要配置的商品数量自然不同。

2020年2月10日，某头部主播的直播间被2100万粉丝围观，26 000箱螺蛳粉瞬间被秒光。

2020年4月22日，某品牌企业在线直播销售屠宰好、脱毛后的半成品小土鸡，直播开始不到15分钟，销售2000多只小土鸡，直播结束共销售1万多只小土鸡。

从这些数据可见,如果主播的粉丝体量比较大,那么需要准备的商品数量就比较多。具体需要准备多少,可以参考主播之前直播销售的商品数量而定。对于尾部主播而言,可能粉丝体量不是很大,一般需要准备的商品数量不宜过多,品类也不需要太丰富,过多的商品不但会让主播乱了阵脚,还会出现商品无法销售出去,大量积压的情况。

除了要从主播的粉丝体量衡量直播销售的商品总数外,还要从供应商的规模来衡量销售商品的数量。如果供应商的实力雄厚,可以准备充足的商品,那么可以在主播之前销售的数据基础上多增加一些库存。相反,如果供应商的实力一般,无法在短时间内配置数量多、品类全的商品,那么可能就要在主播之前销售的数据基础上适当减少一些库存,避免在直播中出现"爆仓"。

(2)根据商品分类做好商品清点

在明确了商品的数量后,企业和主播还需要根据商品的分类做好商品清点,确保库存无误,进而确保直播销售可以顺利地进行。

在上文中我们明确了直播销售中需要引流款商品、利润款商品和主打爆款商品,并对这些商品进行分类、有序地摆放。为了让库存配置更清晰,直播团队还需要根据分类对商品进行清点。清点工作不是简单地清点数量,需要按照货号(或颜色、尺码、款式等)清点,然后在每一款商品后面贴上一个条码标签,便于后期查看。

（3）做好后续的补货工作

做好商品的库存配置，除了明确商品的总数和做好商品的分类清点外，直播团队还要关注商品的补货工作。即便直播团队按照主播的粉丝体量配置相应的商品或者配置超出主播平时销售数量的商品，也可能会出现库存不足的情况。为了避免这种情况发生，直播团队还要设置一个"补救措施"，即做好后续的补货工作。

在对商品进行库存配置时，直播团队需要跟供应商（即企业）进行商量，如果出现库存不足的情况是否可以补货？补货的时间要多久？能够补多少货？明确这些问题并解决这些问题后，就不用担心后期会出现库存不足的情况，主播在直播销售过程中便可以放心、大胆地向用户推荐商品，引导用户购买。

以上是针对直播销售的商品库存配置总结的几个重要的关注点。大体来看，无论是做什么品类的直播销售都要做好以上几项工作，以确保库存配置安全。当然，其中有一些细节还需要企业和主播不断去调整、优化。不同规模、不同粉丝体量的主播可以根据自己的需求调整库存配置的方式和内容。

无论如何做库存配置，都应当制定库存管理规范，并要求相关人员严格执行，否则很容易因为一些库存问题而给后期的直播销售造成严重的影响。

6. 关联销售：商品的套餐组合设计

在直播销售之前，不少主播会存在这样的疑问：

直播启动阶段是不是必须有9.9元包邮的商品？

用户只购买价格低的引流款商品怎么办？

单价比较高的商品能在直播间销售吗？

如何解决以上问题？答案其实很简单，采取关联销售策略。关联销售是指在销售商品的过程中，寻找商品、品牌、品类等所要营销实物的关联性，在互利双赢的基础上，实现交叉营销。简单来说，就是设计商品的套餐组合。

商品套餐组合设计能够给用户营造一种"超值"的感觉，进而能够激发用户的购买欲望。

例如，一款大衣的吊牌价是899元。直播间的活动是899元的套餐组合，包含大衣、打底衫、墨镜、打底裤。

这种套餐组合会让用户惊呼"太值了"。用户会想，原本899元只能购买一件大衣，但是现在899元不仅能够获得一件大衣，还能获得打底衫、墨镜、打底裤，而且这些都是搭配大衣的必备单品。这样一想，用户可能会毫不犹豫地决定购买。

具体来说，设计商品的套餐组合进行关联销售有以下3个作用。

一是提升转化率。例如，主播在直播间销售衣服，如果用户不想购买衣服，可能会直接退出直播间。但如果主播的套餐组合中有围巾、帽子，而且价格非常实惠，用户可能会因为想购买围巾或帽子而购买整个套餐组合。这样就会提高商品的转化率，提升直播间的销售额。

二是提高客单价。客单价是指每一位用户在直播间平均购买商品的金额。直播间的销售额是由客单价和用户数决定的。因此，要想提升直播间的销售额，除了要做到尽可能多地吸引用户进入直播间，增加用户交易次数外，还要提升客单价。商品的套餐组合其实就是将两件或两件以上的商品组合在一起销售给用户。很可能用户原本只想购买一件商品，结果最后买了两件、三件，这样就无形中提高了客单价。

三是延伸用户的需求。例如，用户在购买太阳镜的时候并没有购买防晒霜的需求，但是如果商品的套餐组合中刚好有这两种商品，那么用户会有一种"正好我都需要"的感觉，进而促进用户购买。

虽然商品套餐组合销售有很多优势，但如果组合不好，效果就会大打折扣。例如，睫毛膏和水杯组合销售，不但对用户的吸引力不高，甚至有用户说："为了不要那个水杯，我连睫毛膏都不想要了。"

出现这种问题的关键在于没有搞清楚什么是关联销售。关联销售不是简单地将各种商品捆绑在一起销售，而是将存在关联性的商品捆绑在一起销售。睫毛膏跟水杯之间几乎没有任何关联，无论是购买还是使用睫毛膏的用户都不会同时想要购买或使用水杯，也不会有人想要购买一款水杯喝水的时候想到同时买一款睫毛膏。那么，应该如何设计商品的套餐组合才能具有较大的吸引力，实现高转化呢？一般可以采取如图3-6所示的三种关联策略。

图 3-6　商品的套餐组合设计的三大策略

(1) 互补关联

互补关联强调的是搭配的商品和主推商品存在互补的相关性。所谓"互补相关性"是指两种商品搭配组合更能满足用户某方面的需求。

例如，某主播在直播间主推的商品是陶瓷碗、碟，那么可以搭配陶瓷餐勺、复古餐巾布等相同场景的商品，和陶瓷碗、碟形成互补。这种互补关联销售能够更好地满足用户对精致生活的追求。

互补关联是商品的套餐组合设计中常用的一种组合方式，也是转化率较高的一种组合方式。因此，企业或主播在设计商品的套餐组合时应根据商品的使用场景、属性、特点等分析商品之间是否存在互补关系，如果存在互补关系则可以将这类商品组合在一起进行销售。

(2) 替代关联

替代关联是指主推商品和关联商品之间可以替代使用。

例如，某主播在直播间主推的商品为针织衫，那么替代关联的商品可以是卫衣、毛衣等。

虽然它们之间可以互相替代，但是视觉效果或者使用体验还是不同的。原本用户可能会纠结"买针织衫还是买卫衣或者买毛衣"，这种套餐组合刚好能够解决他们的纠结，可以毛衣、卫衣、针织衫一起购买，每天都可以有不同的搭配。这也是促进用户购买的一种有效的商品的套餐组合策略。

所以，当商品之间的互补性不是很大的时候，我们不妨换个角度思考，看看商品之间是否存在替代关系。

（3）潜在关联

潜在关联强调的是商品之间存在潜在的互补关系。

例如，某主播主推的商品为泳衣，那么潜在关联的商品可以是防晒霜。从表面上看，这两种商品之间似乎没有太大的关系。但是潜在意义上，购买泳装在户外游泳的人，需要做好防晒工作，那么防晒霜就是必要的。

因为潜在关联的商品对于用户来说并不是必需的，所以我们一般不推荐采取这种商品组合方式。但是如果直播销售的商品类目比较多且比较杂乱，则可以考虑采用这种组合方式，将一些具有潜在关联的商品组合在一起进行销售。

合理设计商品的套餐组合，能够让直播销售达到事半功倍的效果。主播可以根据以上3种策略设计商品的套餐组合，也可以根据商品的特点或主播的风格进行灵活设计。但是无论如何设计都要遵循关联性的大前提，即商品之间必须有一定的关联性。否则，套餐中的其他商品可能会成为鸡肋，影响用户做出购买的决策。

7. 做一张商品说明表

一张清晰的商品说明表可以将选品的最终结果清楚地呈现出来,便于主播在直播之前核对商品,在直播中井然有序地展开直播工作。所以在选品的最终环节,企业和主播还应当做一张清晰的商品说明表。

商品说明表一般需要准备两个不同的版本:一个是面向企业和主播的,另一个是面向用户的。

(1)面向企业和主播的商品说明表

面向企业和主播的商品说明表是为了让企业和主播对直播销售中的商品一目了然,也便于为直播做好相应的准备。这张说明表中包含的内容一般有品牌、类别、商品名称、商品款式图片、商品规格、原供货价、平台售价、直播供货价、直播建议价、有无优惠券、有无限购、商品卖点、适合场景、关键词、库存等信息,见表3-1。

表3-1 面向企业和主播的商品说明表

序号	品牌	类别	商品名称	商品款式图片	商品规格	原供货价	平台售价	直播供货价	直播建议价	有无优惠券	有无限购	商品卖点	适合场景	关键词	库存	……
1																
2																
3																
4																
……																

商品说明表的信息越具体、全面,越利于企业和主播为接下来的直播销售做好准备工作。

▶ 直播销售实战攻略

图 3-7 某主播的直播商品清单

（2）面向用户的商品说明表

在直播销售之前通常会做直播预告，并且会在直播预告的时候将直播的商品清单展示给用户。这个清单也就是我们说的面向用户的商品说明表。这个商品说明表在一定程度上会影响用户是否会进入直播间选购商品。当用户在商品说明表上看到有自己非常喜欢且价格实惠的商品时，他们很可能会设置闹钟提醒自己观看直播。所以，为了吸引用户观看直播并购买自己心仪的商品，提升直播间的商品转化率，企业和主播还应当面向用户制作一张商品说明表。

与面向企业和主播的商品说明表要涵盖商品相关的所有信息不同的是，面向用户的商品说明表只需要重点突出商品的种类、特色以及优惠的价格等简单的信息即可。

某主播在某自媒体平台发布了直播销售的预告，预告中的商品清单如图 3-7 所示。

图3-7的商品清单中很直观地呈现了商品的种类和特色。虽然没有明确具体的优惠价格，但是这种"直播价：？？？"的定价策略更加容易激发用户的兴趣，用户想要一探究竟就得守着直播间看看商品的直播价是多少。

企业和主播可以参考图3-7的形式制作一张面向用户的商品说明表，也可以根据商品的特点或主播的风格制定出一张更加具有视觉冲击力和吸引力的商品说明表。

一张内容具体、详细的商品说明表是企业和主播在销售过程中的方向标，如果没有这张说明表，主播的销售过程可能会出现商品理不清、直播流程混乱等问题，影响用户的观感和购买体验，进而影响商品的转化率。同样，面向用户的商品说明表也是用户观看直播的方向标，如果没有这个方向标，用户可能不会选择打开直播。因此，企业和主播在选品的最后环节，一定要花时间和精力制作两张不同版本的商品说明表，为企业、主播和用户明确直播销售的方向。

第 4 章 场景逻辑：
直播平台与场地的选择和设计

直播销售的 3 个基本要素是人、货、场，缺少其中任何一个要素都会影响直播销售的转化率。所以，企业和主播除了要掌握人设逻辑和选品逻辑外，还要掌握场景逻辑，即直播平台与场地的选择和设计。

1. 平台选择：流量大的不一定是适合的

有些企业在直播销售的过程中可能遇到过这样的问题：在某一个直播平台销售的转化率非常可观，但是换到另一个平台的时候销售的转化率却非常不理想。这两个直播平台的活跃用户相差不大，但是为什么销售的转化率却相差甚远？因为不同直播平台的用户群特征不同，对商品的需求也不同，所以同样的商品在不同的平台销售转化的效果会大相径庭。

因此，"如何选择直播平台"是不少新手主播和刚迈入直播销售领域的企业头疼的问题。那么如何才能解决这个问题呢？

（1）了解不同直播平台的风格与特点

选择一个合适的直播平台的前提是了解不同直播平台的风格与特点。了解直播平台的方式通常有两种。

一是观察与主播的人设定位、账号属性相似的头部主播或腰部主播在哪些平台直播。头部主播和腰部主播虽然自身带有一定的流量，但是他们也需要平台提供的流量和资源的支持，否则也可能会出现无人观看直播的情况。因此，他们在选择直播平台的时候会根据自身的定位再三衡量后再做出谨慎选择。所以，企业和主播在选择直播平台的时候不妨参考与主播人设定位、账号属性类似的头部主播和腰部主播选择的是哪些直播平台。

二是对各大直播平台进行深度分析。我们以抖音平台、快手平台、淘宝直播平台以及腾讯看点直播平台为例介绍如何分析不同的直播平台的风格与特点,见表4-1。

表4-1 不同直播平台的特点分析表

平台	平台属性	用户群特征	销售转化的特点	直播的风格与特点
抖音平台	字节跳动旗下的直播平台,是基于抖音短视频平台发起的一个直播平台	用户年轻化 女性比例较高 用户在一、二线城市渗透率较高 用户的学历水平和收入水平较高	高流量、高活跃 转化率较高	内容娱乐化、多样化 传播维度广,分享便捷 社交属性强
快手平台	由快手短视频拍摄平台创建的一个直播平台	年轻用户比例较高 女性比例高 用户在三、四线城市渗透率更高 用户的学历水平和收入水平较低	销售潜力强 用户黏性强	商品性价比极高 商品品类齐全 直播多元化
淘宝直播平台	阿里巴巴旗下推出的直播平台,定位于"消费类直播"	淘宝用户为主 女性比例较高 一、二线城市用户较多	创造销售非闭环逻辑,产生连带购买 高停留、高复购、高转化	商品覆盖广 市场覆盖广 强电商弱娱乐

续表

平台	平台属性	用户群特征	销售转化的特点	直播的风格与特点
腾讯看点直播平台	看点直播是腾讯互动视频产品部旗下的直播平台，于2019年上线并支持接入电商小程序	微信用户用户覆盖率广	容易触达用户利于私域流量的积累容易提高用户黏性	操作门槛低社交属性强，注重私域流量

直播团队可以参考不同直播平台的特点分析表，通过平台属性、用户群特征、销售转化的特点以及直播的风格与特点等几个方面对直播平台进行分析，也可以根据企业直播销售的需求从更多的方面进行深入分析，如直播平台的流量分发规则、推荐机制等。

了解不同直播平台的风格与特点是直播团队选择一个合适的直播平台的前提。所以，直播团队在这个环节需要多花一些时间和精力。

（2）匹配适合企业的直播平台

了解各大直播平台的风格与特征后，下一步就要匹配适合企业的直播平台。直播平台是否适合企业需要从两个维度进行考量。

一是主播。主播又分为两种情况：企业自己培养的主播和企业准备合作的主播。如果是企业自己培养的主播，则要根据主播的人设定位、直播风格等特点选择适合的直播平台。例如，某农产品企业主播的定位是原产地直发的"低价类人设"，直播风格也是持续不断地介绍商品，极少和用户进行其他方面的沟通，那么比较适合该主播的就是类似淘宝直播平台的电商直播平台。如果是企业准备合作的主播，则要根据主播在各直播平台的粉丝体量、用户活跃度等数据选择适合的直播平台。例如，某主播在抖音、快手都进行直播销售，但他在快手平台的粉丝体量更大且用户活跃度更高，那么企业就适合选择快手平台开展直播销售。

二是商品。商品主要是指根据商品的属性、价值、目标用户等方面选择适合的直播平台。例如，某企业计划直播销售的商品价值较高，以一、二线城市的年轻人为主要目标用户，那么就适合选择在一、二线城市用户覆盖较广的抖音平台或者淘宝直播平台。当然，并不是说企业只能选择一个直播平台，一般可以选择2~3个用户画像相同或较相似的直播平台。资源较丰厚、直播团队能力较强的企业可以选择3~5个用户画像相同或较相似的直播平台。但是最好有一个主打的直播平台。一方面再强大的直播团队其精力也是有限的，无法顾及太多的平台，平台选择太多会影响用户的观看体验，降低商品的转化率，甚至导致用户流失。另一方面平台太多会分散用户的注意力，导致他们分不清什么时候要去什么平台观看直播，最终可能会导致他们不愿意去任何平台观看直播。

综上，企业在选择直播平台的时候，不能只考量市场热度这一个维度，还应当考量平台的用户画像与企业的用户画像是否相同或类似，并根据企业的用户画像选择合适的直播平台。

2. 场地选择：选择合适的销售场所

选择合适的直播平台是企业在做直播销售之前一般都会关注的问题，但有不少企业经常会忽略场景逻辑里的另外一个关键要素场地，即销售场所。

直播平台好比一个建筑的外观，装修华丽、大气的外观会吸引一些游客进去参观。场地则好比一个建筑的内部装修，内部装修决定了游客是否愿意留下来继续参观。如果一个建筑的外观装修华丽、大气，但是内部装修极其简陋，风格与外观也不符，那么游客可能会毫无兴致继续逗留，很可能直接掉头就走。在直播销售的场景中也是如此，虽然一些直播平台的用户活跃度较大，但是如果直播的场地不符合用户的期望，便会降低用户的观看体验，平台用户再多也不会在你的直播间停留。所以，企业和主播不仅要花时间和精力选择合适的直播平台，还要花一定的时间和精力选择合适的直播场地。

传统的销售场地一般都比较固定，如门店、超市，直播销售的场地相对来说就比较灵活，但并不是在任何场所都可以进行直播销售。直播销售一般可以选择在如表4-2所示的4个销售场所进行。

表4-2 常见的直播销售场所

销售场所	销售特点
商品产地	主播是否背靠货源地 商品的属性是否适合在原产地进行直播销售
卖场	线下实体店或者品牌通常会在卖场进行直播销售
仓库	储存空间较大的商品可以在仓库进行直播销售

续表

销售场所	销售特点
固定直播间	企业或主播为直播销售专门搭建的直播间 提升用户的熟悉感 加强 IP 的打造

(1)商品产地

商品产地,顾名思义,生产商品的地方。在商品的产地进行直播有利于让用户通过手机屏幕直观看到原产地的商品,相比图片和视频来说,会让商品显得更加真实,进而可以降低信任成本,促进商品转化。如图4-1所示。

图4-1 某主播在螃蟹养殖地进行直播销售

但并非任何商品都适合在商品产地进行直播销售。商品是否适合在商品产地进行直播销售需要根据以下两个因素来衡量。

主播是否背靠货源地。如果主播背靠货源地，那么完全可以选择在商品产地进行直播。如果主播不是背靠货源地，那么在商品产地进行直播销售就不是一件容易实现的事情。因为商品原产地一般都比较偏远，很多商品原产地与主播居住地不在一个城市，主播没有那么多时间和精力在自己的居住地和商品原产地之间周转。

商品的属性是否适合在原产地进行直播销售。一般来说，适合在原产地进行直播销售的商品其生产过程比较简单、直观，零距离观看到原产地有助于降低信任成本。例如，水产品、水果这类商品比较适合在原产地进行直播销售。因为用户可以直观地看到商品的来源及商品的特征，这些信息可以增强他们对商品的信任感，促进他们购买商品。相反，不利于降低信任成本的商品则不适合在原产地进行直播销售，如钻戒、手机便不太适合在原产地进行直播销售。这一方面是因为场地复杂不宜进行直播；另一方面是因为用户可能会对各个细节产生疑问，回答这些问题本身就会浪费时间，而且用户知道的信息过多也不利于这类商品的销售。

（2）卖场

卖场一般指大型商场、超市、店铺等销售商品的场所。一些线下实体店或者品牌通常会在卖场进行直播销售，商家或品牌希望通过主播的试吃、试用实现商品的高转化。如图4-2所示。

第4章 场景逻辑：直播平台与场地的选择和设计

图 4-2 主播左左在某家居市场进行直播销售

在商场进行直播销售也能有效提升商品的转化率，但是相对来说，在商场进行直播的转化率没有在直播间的转化率高，究其原因是商家或品牌对直播内容的策划不够专业或专业设备准备不齐全。所以，选择在商场进行直播销售的商家或品牌应在直播专业度方面多用心。

(3)仓库

仓库直播销售可以说是直播销售探索出来的一个新的销售场所。虽然是一个比较新的销售场所,但是转化率却很可观。如图4-3所示。

图4-3 某品牌水果在仓库进行直播销售

在仓库进行直播销售能够让用户直观地看到商品的仓储地和大概的库存量,这些信息也可以增加用户的信任,他们会认为品质高、畅销的商品才会有大的仓储空间和大量库存,进而会增强购买的决心。所以,如果商品的储存空间较大,那么不妨在仓库进行直播销售。

(4)固定直播间

固定直播间是指企业或主播为直播销售专门搭建的直播间,是用户常见到的直播场所,如图4-4所示。

第4章 场景逻辑：直播平台与场地的选择和设计

图 4-4 某主播在固定直播间进行直播销售

一般有一定粉丝体量的主播都拥有自己的固定直播间。在固定的直播间进行商品销售有以下两个优点。

一是提升用户的熟悉感。固定的直播间可以提升用户的熟悉感，无形间也会增强用户的信任，对促进商品转化有很大的作用。

二是加强 IP 的打造。固定的直播间也是打造 IP 的一部分。例如，某彩妆主播的直播间的背景墙是一整柜子的口红和护肤品。当用户进入直播间后，他们对主播的人设定位会更加深刻，当下一次需要购买口红或护肤品时就会去主播的直播间观看。

但是打造一个专属的直播间需要一定的成本，对于粉丝体量比较小的主播或者规模较小的企业来说可能比较困难。不过，可以先搭建一个简易的固定直播间，待后期收入提升后再进一步改造、优化。

直播销售场地的选择是灵活的，企业或主播可以根据商品及自身的具体情况选择场地。但是无论选择什么场地直播，其目的都是吸引用户并提升商品转化率。

3. 场地布置：既要让用户看着舒服，又能激发信任感

场地布置是指对直播场地进行装饰和布置，使直播场地看上去整洁、干净、美观。在一场直播销售中，场地布置的作用主要有以下两点。

一是场景布置是主播的第二张脸。如果用户进入直播间看到的是凌乱、拥挤的环境，那么口碑再好的主播和再实惠的商品也无法留住他们。

二是好的场景布置才能体现商品的价值。例如，一枚钻戒在菜市场很难高价售出，但是在大型商场的专柜却可以高价售出。这就是场地布置的重要性，在直播销售中也是如此。

本质上说，场地布置的作用是提升用户的视觉体验，吸引用户进入直播间并留住用户，进而实现商品转化。所以，企业和主播应当重视直播场地的布置，以辅助提升用户对直播的视觉体验，既要让用户看着舒服，又要有信任感。

通常来说，一个好的场地布置应考虑如表4-3所示的几个因素。

表4-3 场地布置应考虑的因素

场地	布置时应考虑的因素
环境	空间大小适宜 整洁、干净
卖场	布置背景墙 装饰点缀
灯光	如果直播场所的光线太强，可以适当用一块布进行遮挡，尽量避免光线直射 冷光和暖光两者可以结合使用 根据商品选择光的色调和强度

(1) 环境

直播场地的环境是决定用户去留的关键因素。为了打造一个良好的直播环境，直播团队在进行场地布置的时候应当做到以下几点。

一是直播场地的空间大小适宜。商品原产地、卖场或仓库这3个直播销售场所的空间相对较固定，但也应当尽量选择大小比较适宜的场地进行直播销售。这里要重点强调的是固定直播间的空间设置。直播间的空间不宜过大，过大的空间会转移用户的注意力，不利于商品转化。同样，空间也不宜过小，过小的空间容易给用户造成压迫感，让用户感觉不舒服。一般来说，直播间的空间在8~20平方米即可。例如，简单的美妆类商品的直播间，8平方米的小场地即可。如果是穿搭类的直播间就需要大一点的直播空间，至少要在15平方米以上。

二是整洁、干净。无论选在什么场所进行直播销售，都必须确保直播环境整洁、干净。如果在商品原产地进行直播销售，要确保地面干净、整洁，没有太多杂物；如果在商场、仓库或固定直播间进行直播销售，要确保商品摆放整齐，地面干净、整洁。

空间大小适宜且整洁、干净的直播环境不仅能吸引用户，也能让主播有一个好的心情。在这种状态下，主播才能热情地分享商品，用户才能认真地倾听，进而促进商品转化。

（2）背景

商品原产地、商场和仓库这几个场所的直播背景相对来说也是比较固定的，销售场所即直播销售背景。为了更加真实地呈现商品，增强用户的信任，这几个场所无须做过多的背景布置。这里要重点强调的是固定直播间的背景布置。

固定直播间的背景布置包括直播间的软环境，如背景墙、装饰物等，这些也是影响用户视觉体验的关键因素。一个有吸引力的直播背景通常应包含以下两个要素。

一是背景墙。背景墙主要有两种形式：一是利用置物架展示商品。一些美妆主播会通过这种形式设置背景墙。二是利用纯色背景布打造干净、简洁的背景墙。背景布应尽量选择浅色和纯色，这样的视觉效果更加宽阔。深色或者有纹路的背景布容易给用户带来视觉上的压迫感，让用户感觉不舒服。当然如果主播的人设是可爱风，直播间的背景墙也可以选择暖色。成熟稳重风格的主播，则应尽量选择以纯色为主的背景墙。

二是装饰点缀。如果直播的空间较大，为了避免直播间显得过于空旷，可以放一些室内小盆景、小玩偶之类适当地丰富直播间的背景，但是一定要确保环境干净、整洁。如果是节假日，则可以适当地布置一些与节假日气息相关的东西，以此来吸引用户的目光，提升直播间的人气。

除此之外，直播间还可以使用虚拟背景图增加直播间的纵深感。例如一些主播有时候就会用城市大全景图作为直播间的虚拟背景图，增加直播间的纵深感、空间感和高级感。还有一些主播会借助增强现实（Augmented Reality，AR）技术打造全景体验直播间以及三维场景直播间，以进一步增强直播间的体验感和互动感。如图4-5所示。

图4-5 直播间用AR技术设计的虚拟背景图

当然，以上几种背景设置方式仅供参考，企业和主播也可以根据主播的人设定位、直播销售的主题以及商品的特点设计一个更加具有吸引力的直播背景。

(3) 灯光

对于主播和商品而言，上镜效果非常重要，能够在一定程度上影响用户的视觉体验，进而会影响用户的购买决策，而影响主播和商品上镜的关键因素是灯光。所以，在场地布置的时候切不可忽视灯光的重要性。

首先，如果直播场所的光线太强，可以适当用一块布进行遮挡，尽量避免光线直射。如果条件允许，应尽量选择冷光源的 LED 灯。

其次，冷光和暖光两者可以结合使用。如果主灯为冷灯，辅灯则为暖灯。这样会让主播看上去更贴近自然，能给用户温暖的感觉。

最后，根据商品选择光色。例如，服装、美妆类的直播尽量使用 5700 开尔文的白光。这种光更加接近自然光的色温，更加有助于展现服装、护肤品等商品的真实状态，能够有效减少误差。如果是美食和家居类的直播，就尽量使用 3000~4000 开尔文的暖光，这样的光可以把美食衬托得更让人有食欲，让家居和家纺也显得更有人情味，更加温馨。

具体如何使用灯光，需要根据直播销售场所的属性、商品的特点等具体因素而定。

综上，一个好的场地布置，不是夸张的物品堆砌和点缀，而是要注重环境、背景和光线的设置，是让用户看着舒服，又有信任感。

4. 直播分工：直播间的三大角色和分工

很多主播认为选择好平台和场地后就可以开始直播销售，但他们在直播过程中可能会遇到以下问题：

主播喊"上链接"的时候没有人响应。

在介绍商品的时候拿错商品。

主播手忙脚乱不知道先推荐什么商品。

发现价格不对的时候没有人帮助及时更改价格。

……

这些问题会造成直播现场一片混乱，不仅会直接影响直播销售的转化率，甚至会导致直播销售终止。对这些问题进行深入探究后，我们发现导致这些问题的关键原因是没有做好直播分工。

虽然在直播中出现在镜头前的可能只有主播一个人，但实际背后却有多人的配合。在一场直播销售中，只有将合适的人放在合适的位置，对人员进行科学、合理的分工才能确保直播销售有条不紊地进行，才能有效发挥人才的合力，让直播团队高效运转，进而促进商品转化。所以，在选择好直播平台，布置好直播场地后，直播团队的重点工作是明确一场直播需要哪些人员，并将他们放在合适的位置上。

一个专业的、高转化率的直播间通常有3种角色的人员，包括主播、运营人员和直播助理，每个角色都有明确的分工，如图4-6所示。

图 4-6 直播间的角色

（1）主播

主播是商品的分享者、推荐者，在一定程度上决定了商品的转化率，所以主播是直播间的关键角色。

主播在直播间的工作职责和内容主要为以下 3 个方面。

一是活跃气氛。活跃的气氛才能吸引更多的用户进入直播间。通常情况下，活跃气氛这项工作需要主播来完成。主播在直播开始时就应当通过开场白，或介绍直播销售中的福利来活跃气氛，让用户留下来。

二是分享、推荐商品。分享、推荐商品是主播的核心工作，能直接影响一场直播销售的转化率的高低。所以，主播的主要职责是熟悉商品的专业知识和直播脚本，采取用户能理解的方式向用户分享、推荐商品。

三是将用户转化成粉丝。新用户转化成粉丝也就是将公域流量转化成私域流量，这将会直接影响下一次直播的观看人数和商品转化率。

相对其他角色而言，主播的职责和任务比较重，对商品的转化率影响也较大。因此，主播一定要有一定的责任心，能够认真、踏实地对待直播销售这项工作。

(2) 运营人员

直播的运营人员是直播效果好坏的关键，一场直播销售的转化率的高低以及直播间里的 IP 的打造都与运营人员的工作能力有着直接关系。运营人员的工作能力越强，越能更好地将主播、商品以及直播间的用户连接起来。从某种程度上说，运营人员是比主播更重要的角色。所以，企业不能只关注主播而忽略了运营人员的重要性。

运营人员在直播间的工作职责和内容主要为以下两个方面。

一是配合主播的工作。在直播销售期间，运营人员需配合主播对直播销售的商品进行上架、下架、价格修改、佣金设置、活动配合、互动等工作。这些都是运营人员的核心工作，决定了直播销售活动能否顺利进行，商品能否实现高转化。

二是直播控场。如果需要分享的商品较多，且进入直播间的用户较多，那么很容易出现直播现场混乱的情况。然而主播的个人精力是有限的，面对比较混乱、复杂的情况时很难做到有效控场，这个时候就需要运营人员协助控场。在这个环节，运营人员需要根据直播脚本梳理商品的卖点，配合主播，带动直播间的气氛，并适时协助主播推进直播流程，推动销售数据增长。

一个直播运营高手必定是一个直播销售转化高手，所以要想提升直播销售的转化率,直播运营人员就是直播间必不可少的角色。

(3)直播助理

为了营造活跃的直播间氛围,协助主播更好地进行直播,直播团队还需要为主播安排1~2名直播助理。如图4-7所示。

图4-7 主播左左和她的助理

在直播间，助理的主要工作职责和内容为以下三个方面。

一是协助运营人员完成直播销售的脚本的实施。

二是出镜助播，协助主播一起完成直播销售活动，活跃直播间的气氛，回答用户提出的问题。

三是负责直播销售过程中商品的相关工作，如安排运营人员上链接、修改价格等。

一名合理的助理也能在一定程度上提升商品的转化率。但是，助理人员并不是必备的。因为助理需要一定的人力成本，对于新主播或资金比较紧张的企业来说可以节省这笔开销。所以，直播间是否要安排助理应根据主播或企业的实际情况而定。

互联网时代早已不是一个人单打独斗的时代，而是分工协作、互利共赢的时代。所以，要想在一场直播销售中实现高转化就需要团队分工协作，明确直播销售中需要的角色并让合适的人担任合适的角色。

5. 直播设备：根据直播方式准备必需的设备

《论语·卫灵公》中有句话说"工欲善其事，必先利其器"，意思是工匠要使他的工作做好，一定要让工具锋利，比喻要做好一件事，准备工作非常重要。直播设备对于直播销售来说就是"工具"，直播销售能否高质量且顺利地进行的关键也在于是否准备了必需的设备。

如图4-8所示。

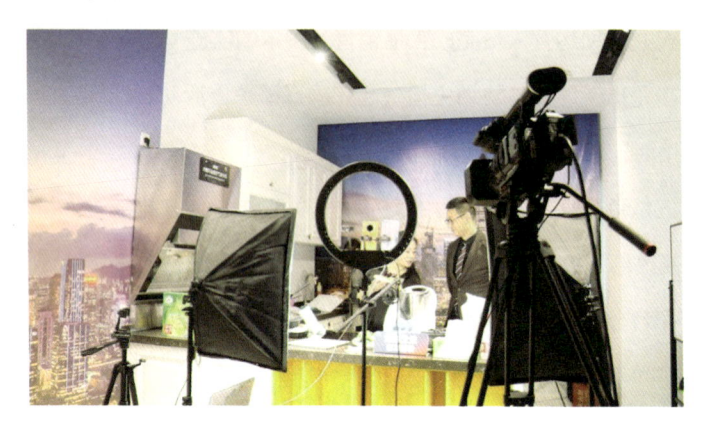

图 4-8　直播间的设备

具体来说,直播间需要的设备主要有以下5种。

(1)电脑和手机

准备直播设备时应当根据直播方式准备所需的设备。常见的直播方式有两种:一是电脑直播,二是手机直播。很多时候,这两种设备也会组合使用,能有效提升直播销售的覆盖率和商品的转化率。

选择电脑作为直播设备时,电脑的配置最好选择最新的处理器,配置独立显卡、固态硬盘。除此之外,还应配置高清摄像头,提升用户的视觉体验。

选择手机作为直播设备相对来说比较便捷,但是同样也要选择性能高、摄像头高清的手机,否则会影响用户的视觉体验。

总之,无论是选择电脑还是手机作为直播设备,都要确保能够将高清的画面呈现给用户。

(2)手机支架

如果直播设备选择手机,那么就需要配置手机支架。手机支架可以调整并固定拍摄的角度,能够更加稳定、清晰地呈现直播画面。如图4-9所示。

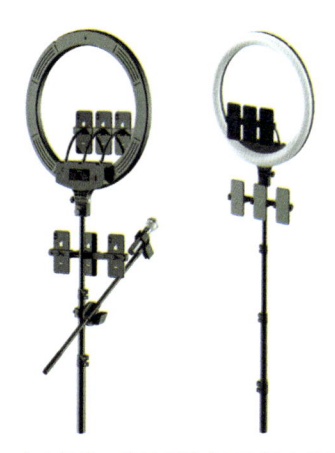

图4-9 多个机位一体的手机支架和独立的手机支架

市面上的手机支架有很多形式,有多个机位一体的,包含手机、声卡、麦克风以及补光灯,也有独立的,还有落地和台式的。企业在选购的时候要重点关注的是支架的稳定性、角度调整的灵活性以及其占用空间的大小,直播间的空间有限,手机支架不宜占据太大的空间。

(3)补光灯

在本章第3节我们提到,要想打造一个既让用户看着舒服又要有信任感的场地需要注重灯光的使用,而要营造好的灯光效果就离不开补光灯。

补光灯是指用来对缺乏光照度的直播间或商品、主播进行灯光补偿的一种工具,能够有效提升画面的质感,让用户看着舒服,激发他们的购买欲望。所以,补光灯也是一场直播销售必需的设备。

直播间常用的补光灯有三种:常亮摄影灯、球形柔光灯和环形补光灯。

常亮摄影灯的主要作用是在缺乏光线条件情况下拍摄时提供辅助光线,以得到质量较高的画面素材,如图4-10所示。如果直播间的光线不够明亮的话,可以使用常用摄影灯辅助补光。一般来说,20~40平方米的直播间有1~2盏常亮摄影灯即可。

图4-10 常亮摄影灯

球形柔光灯是常用的柔光工具,主要作用是让光线照射中心的高光到边缘的层次更加丰富,使画面看起来更加自然、柔和。如图4-11所示。

图 4-11 球形柔光灯

环形补光灯俗称"美颜灯",通常是用来近距离补光或局部补光。一般手机支架会附带环形补光灯,企业也可以专门购置环形补光灯。如图 4-12 所示。

图 4-12 环形补光灯

环形补光灯有大小型号的区分，企业可以根据自己的需求选择。

（4）麦克风

麦克风，学名为传声器，是将声音信号转换为电信号的能量转换器件，也就是我们通常说的话筒。电脑或手机都有自带的麦克风，但降噪效果都一般。当然不排除有一些电脑或手机自带的麦克风降噪功能不错，但是为了确保能够将表达的内容清晰地传递给用户，最好准备一个专业的麦克风。

麦克风主要有两种类型：话筒式麦克风和领夹式麦克风，如图4-13所示。

图 4-13 话筒式麦克风和领夹式麦克风

话筒式麦克风需要借助工具固定在直播台上或手机支架上，领夹式麦克风只需要直接夹在衣领上，更为便捷。两者的效果没有太大差别，具体需要主播根据自身的需求来选择。

市场上的麦克风的品牌很多，选择麦克风的时候最好选择电容的、降噪效果好的，且要注意区分或准备转接口，因为有些设备使用的接口不一样。

（5）声卡

直播销售过程中主播需要不停地讲话，与用户互动，分享商品，长期下来，对嗓子的伤害很大。为了解决这个问题可以配置一个声卡。

声卡，也叫音频卡，是实现声波和数字信号相互转换的一种硬件。声卡的基本功能是把来自话筒、磁带、光盘的原始声音信号加以转换，输出到耳机、扬声器、扩音机、录音机等声响设备，或通过音乐设备数字接口发出合成乐器的声音。

主播在选择声卡的时候应当考虑以下3点。

一是音效：声卡的音效最好可以自定义。

二是接口：一个人直播还是两个人直播？单平台直播还是多平台直播？不同的直播形式需要的接口数量不同。

三是续航：直播销售一般都在3小时以上，大多数会持续6~8小时，最长的可以达到16小时，所以声卡的续航能力也是要考虑的因素，一定要根据直播时长进行选择。

以上介绍的是一场直播必须准备的设备，除此之外还有排插、电脑桌、椅子这些小物件的准备。这就需要企业根据直播团队的需求，添置直播必需的设备。设备准备得越齐全，越能给用户一个良好的观看体验，进而达到高转化的效果。

6. 直播网络：做好网络的调试，确保直播流畅

回想一下在观看直播销售的过程中，你最讨厌的事情是什么？大多数人给出的答案是网络卡顿。

2020年4月24日晚，某企业家在某平台开启了直播销售首秀。第三方数据平台的数据显示，该企业家直播首秀当晚累积观看用户431万人，在线人数峰值21.63万，商品销售额22.53万元。

对于知名度较高的企业家来说，这场直播销售的转化效果一般。除去一些关键因素外，对这场直播销售产生较大影响的是网络频繁卡顿问题。

在企业家的直播销售互动区，有很多用户强调"卡""画面都没有""这怕是2G网络吧"等问题。当出现这些问题时，一部分用户会直接选择退出，一部分用户会选择继续观看，但是当观看了几分钟依旧卡顿后，他们也会失望地退出直播间。这种情况自然会影响商品的转化率。

除了"网络卡顿"，"信号源错误"也是直播销售中常见的网络问题。

某电商品牌在一次新品发布会的直播中，出现了近2分钟的另一个品牌的品牌名。一时间场面十分尴尬，用户纷纷在互动区发出问号。究其原因是网络的信号源出了问题，虽然技术人员立即调整恢复了信号源，但事件一出，各大媒体及用户对此议论纷纷，对此次直播销售造成了一定的影响。

虽然该品牌的这种错误会让一部分用户好奇地驻足观望，但是他

们可能因此对品牌的做事态度不满意，进而不选择购买商品。所以在直播销售中，信号源错误的问题是不允许发生的。

除了网络卡顿、信号源错误，网络瘫痪也是不容忽视的问题。网络瘫痪是指进入直播间的人较多，而导致直播间的画面无法显示。这也会直接影响直播销售的效果。这些问题究其本质都是网络问题。所以，为了确保直播流畅，达到最佳的直播效果，相关人员需要在直播之前对网络进行调试。如图4-14所示。

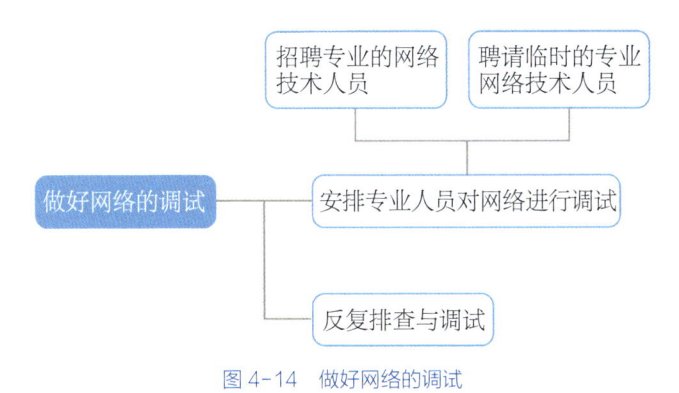

图4-14 做好网络的调试

（1）安排专业人员对网络进行调试

网络调试是一个专业性的问题，专业性的问题就需要安排专业的人员解决。具体策略有以下两种。

一是招聘专业的网络技术人员。规模较大的企业或粉丝体量较大的主播，其直播销售活动中涉及的商品较多，进入直播间观看直播的用户也较多，很容易出现网络瘫痪或网络卡顿等网络问题。一旦出现网络瘫痪或网络卡顿等问题，哪怕只有几分钟，都会影响整场直播销售的转化率。如果出现上述案例中的信号源问题，对企业和主播的影响就更大。所以，为了确保直播销售过程万无一失，建议招聘专业的网络技术人员，为直播的网络环境做好保障。

二是聘请临时的专业网络技术人员。对于一些新主播或规模较小的企业而言，进入他们直播间的用户也不会太多，即便他们的网络出现故障也不会造成很大影响。但是这并不意味着他们就不需要专业的网络技术人员，无论有多少用户进入直播间，直播团队都要确保为用户呈现一场高质量的直播。否则，直播销售生涯的开始就是结束。出于对成本的考虑，新主播或规模较小的企业可以采取聘请临时的专业网络技术人员这种方式解决网络问题。

（2）反复排查与调试

虽然有些主播或企业在直播前会对网络进行调试，但是不少人仍然意识不到网络调试的重要性，只是将网络调试当成一个形式。通常，在一遍调试发现没有任何问题后，他们就确认网络环境安全，可以进行直播。

实际上，网络问题会受各种因素的影响，也许第一遍调试的时候没有问题，但是第二遍的时候问题就出现了。所以，为了进一步确保直播的效果，直播团队须安排专业网络技术人员在直播之前至少对网络进行3次排查与调试。

虽然说直播团队要尽可能确保直播网络环境的安全，但实际上很难做到，因为在直播销售的过程中，难免会遇到各种各样的网络问题。因此，在直播销售活动中，要求专业的网络技术人员时刻"备战"，为解决网络问题做好准备，并要及时、高效地解决直播销售现场的网络问题。

直播的流畅度是用户对直播间的基本的需求。只有满足用户的基本需求,他们才愿意进入直播间并留下来。所以在进行直播销售之前,网络技术人员一定要做好网络的调试,最大限度地减少网络问题,确保直播的流畅度。

第5章 策划逻辑：
每场直播都需要一个主题

有吸引力、质量高的内容才是直播销售能够吸引有效流量的关键，而任何一场有吸引力、高质量的内容都是精心策划出来的。所以，策划逻辑也是企业和主播必须掌握的逻辑。

1. 设定目标：通过这场直播企业可以获得什么

一些已经开始在直播销售领域试水的企业，在尝试几次直播销售后，通常会出现以下困惑：

为什么有些直播间的商品刚上架就被抢空，而自己的直播间却一件也销售不出去？

为什么有些直播间的用户很多且停留时间很长，而自己的直播间却只有几个用户，而且有的用户观看不到一分钟就退出了直播间？

为什么有的主播能够条理清晰、有条不紊地进行直播销售活动，而自己的主播却手忙脚乱，总是失误？

……

导致这些问题的很大一部分原因是直播团队没有掌握直播销售中的策划逻辑。直播销售活动好比一场演出活动，只有提前精心策划好每一个环节，才能吸引用户。所以，直播团队在确定人、货、场这3个直播销售的关键要素后，还应当做好策划工作。

直播销售活动策划的第一步是设定目标。只有明确了目标，企业和主播才能明确直播销售的方向，才能朝着这个方向顺利地展开直播。

对于在直播销售中要设定目标这个概念，不少企业的理解是，一

第5章 策划逻辑：每场直播都需要一个主题

场直播要获得多少利润，并且会用这个目标来衡量一场直播销售活动的成败。如果一场直播吸引了几千万用户观看，但是销售额寥寥无几，他们就会判定这场直播销售是失败的。实际，直播销售的目标并非单一的商品销售额，企业还可以通过直播销售提升用户量或成交量。用户量可以带来长尾流量，为以后的直播销售做好流量铺垫，成交量则可以直接为企业带来利润和品牌效应。所以，这两个因素也是衡量一场直播销售是否成功的标准。

简单地说，不同的企业直播销售的需求不同，因此设定的目标也不同。企业在设定目标的时候要问自己：我们想通过这场直播获得什么？是提升用户量，成交量，还是销售额？如图5-1所示。

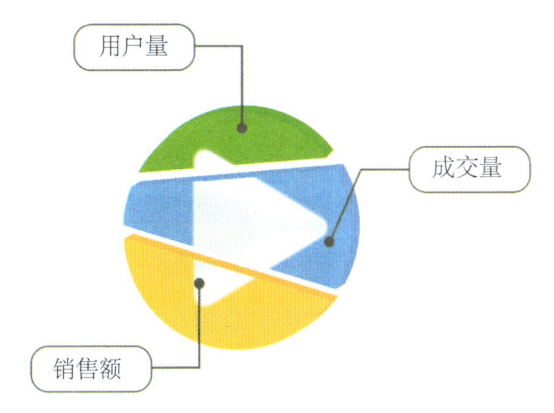

图5-1 通过直播销售企业可以获得什么

（1）以提升用户量为目标

直播销售可以以提升用户量为目标。以此为目标可以吸引更多的用户进入直播间，并且能够通过一些方法和策略将这些用户转化为粉丝。

尤其对于想要打造品牌的企业来说，除了要通过直播销售引导用户即时消费之外，更应该将直播销售作为与消费者之间持续沟通的渠道，在品牌知名度、产品增值等方面进行更加深入的融合。简而言之，想要打造品牌的企业不仅应该注重短期的商品销售量或销售额，更要注重用户量的多少，注重长期的留存。

某知名汽车品牌的首席营销官曾这样说："企业一旦入局直播销售领域，就不能只是单纯地做商品销售。如果没有长线的对品牌和产品的'种草'过程，那么整个直播销售就是简单的流量'收割'。"

对于该首席营销官的观点，某直播平台的运营商给出了一个更加直接的说法，品牌直播其实就是广告，品牌商在做直播销售时应当注重加强品牌的影响力。

这两段话强调的其实是同一个道理，简单的流量"收割"只能获得眼前短暂的利益，并不应该成为一些企业的追求。企业要做的是通过直播提升用户量，扩大品牌或商品的知名度，从而获得长尾流量。

所以想要打造品牌的企业在设定直播销售目标时，可以将目标放得更长远——通过直播销售提升用户量。

如果以提升用户量为目标，那么企业在策划直播销售的内容时主要应考虑以下两个问题。

目标用户量是多少？ 虽然目标用户量越多越好，但是也要基于企业或主播的实际情况而定。例如，头部主播和知名企业的目标用户量会高一些，中小企业的目标用户量则会低一些。要注意的是，目标一定要量化，如目标用户量是4000万人。

已有资源是否可以让企业达到目标？ 企业要根据实际情况衡量已

有资源是否可以帮助自己达到设定的目标。例如，企业在某平台的粉丝是2000万，那么目标用户量定在4000万人显然有点高了，再参考以往企业直播时的用户量大约在2300万，那么可以把这次的目标用户量定在2500万左右。为了确保能够达到设定的目标，直播团队还应该通过一些活动和渠道进行拉新。

（2）以提升成交量为目标

成交量是指一个时间单位内某项交易成交的数量，通俗来说，就是指用户在直播间购买商品的数量。对于一些刚投入市场的新商品来说，建议以提升商品的成交量为直播销售的目标。因为成交量意味着市场接受度。如果成交量高，说明商品被市场认可，企业可以加大力度对商品投入生产。

如果直播销售以提升成交量为目标，那么企业在策划直播的内容时主要应考虑以下3个问题。

目标成交量是多少？ 目标成交量也要基于企业和主播的实际能力来定，且也要量化，如目标成交量为20 000件商品。

目标成交量是否可以通过已有的用户完成？ 如果不能，则需要通过一些渠道进行拉新。

采取何种销售策略才能提升商品的转化率？ 要想提升用户在直播间购买商品的数量，主播就必须掌握一定的销售策略，促进商品转化。这个问题是完成成交目标的关键。

（3）以提升销售额为目标

销售额是指通过销售商品而获得的利润，这是大多数企业比较关注的事情。因为任何一家企业的最终目的都是赢利，所以大多数直播销售会以提升销售额为目标。

如果直播销售以提升销售额为目标，那么企业在策划直播销售内容时主要应考虑以下3个问题。

目标销售额是多少？ 目标销售额同样要基于企业和主播的实际能力来定，且也要量化，如目标销售额为1000万元。

通过当前的用户量是否可以达到目标销售额？ 无论直播销售的目标是用户量、成交量，还是销售额，都要基于一定数量的用户而言，所以要想达到目标销售额，也要考量用户的数量。如果用户量不够，同样需要通过一些渠道进行拉新。

采取何种价格策略提升商品的销售额？ 价格是影响商品销售额的重要因素，如果直播销售以提升销售额为目标，那么企业就要制定具有吸引力，能够促进商品高转化的定价策略。例如，可以采取在第3章第6节提到的"关联销售"策略。

以上3种是企业通过一场直播销售活动常见的希望达到的目标。根据企业的不同情况，可能还会有其他的目标出现，所以企业在制定直播销售的目标时一定要对企业的需求、商品进行深度的分析。只有目标明确，企业才能有条不紊地展开直播销售活动，才能收获直播销售的意义和价值。

2. 圈定日期：找到利于成交的时间点

成功其实就是在正确的时间做正确的事情。例如，某商场要举办一场促销活动，那么周一上午举办活动的效果可能要远差于在周六下午举办活动的效果。因为周一上午大多数人都在上班，而周六下午大多数人都在休息、逛街。所以，做事情选择对的时间很重要，直播销售也是如此。很多时候，直播销售的转化率不高的很大一部分原因是时间选错了。因此，企业在策划直播销售的时候，一定要圈定对的时间，找到利于成交的时间点。

企业在圈定直播销售的日期或时间点的时候可以从以下两个方面入手。

(1)特定的日期

特定的日期是指特殊的日期，一般包括以下3种日期。

节假日：节假日是指国家的法定假日和一些非法定的节假日，如春节、端午节、中秋节、国庆节等。

某主播曾说："其实，节假日对我们来说是一个非常好的销售、吸引粉丝的机会。"在2020年国庆节之前，该主播就开始备战"国庆节直播销售活动"，并设定了2天达到2亿元销售额的目标。

节假日里有空闲时间看直播的用户比平时多，流量比较集中，是直播销售的好时机。这也是一些企业将直播活动安排在节假日的关键原因。

品牌（企业）周年庆日：品牌周年庆日是指品牌（企业）成立多

少周年并为此庆祝的日子。一些知名品牌（企业）一般都会举办周年庆典，且会提供一些优惠政策回馈消费者。

2020年5月9日晚，在上海浦东某商场内，一场美妆品牌直播正在进行。坐在直播间的不是一般的主播，而是某集团的总裁。当天是该集团成立4周年的日子，集团方推出了以"我们不一YOUNG"为主题的直播销售活动，为消费者带来了新的购物体验和更多的福利。

在品牌（企业）周年庆日的时候进行直播销售不仅可以促进商品转化，还能够扩大品牌（企业）的知名度和影响力，对品牌（企业）来说是一件非常有价值和意义的事情。需要强调的是，不只是知名品牌（企业）可以举办周年庆典活动，中小企业同样可以为品牌（企业）设定一个周年庆典日，在当日通过直播的形式举办庆祝活动。相对于知名品牌（企业）来说，周年庆典活动对中小企业的意义和价值更加明显，不但有助于扩大企业的市场影响力和知名度，打造良好的品牌形象，还可以通过固定的时间戳加深用户对企业的认知，为企业吸引并沉淀更多的流量。

超级品牌日。超级品牌日是指一些电商平台或直播平台与各行各业的知名品牌进行战略合作，树立标杆品牌的日子。在这个知名品牌云集的日子进行直播销售，其效果可想而知。

2020年3月14日是某直播平台的超级品牌日，当晚，知名服装品牌联合该直播平台进行直播销售活动。在某知名主持人的倾情助阵下，该直播平台为用户带来了一场拼手速的"抢购盛宴"。据官方统计，本次直播销售活动共吸引了1148万人次观看，点赞量高达4111.2万，在线同时观看人数峰值高达98万，下单超过67万次，总销售额4588万元。

据该服装品牌的负责人透露，他们也曾与一些头部主播合作举办过直播销售活动，但是同款衣服的销量相差甚远。由此可见，超级品牌日这样的黄金日期对一场直播销售的影响力极大。

虽然超级品牌日一般是以知名品牌为噱头，但同样会有一些不太知名的品牌参与其中，所以这对于知名度不高的品牌来说也是很好的机会。已经拥有自主品牌的企业一定要积极参与超级品牌日活动，联合电商平台或直播平台进行直播销售活动，以打通流量通道，为后续品牌口碑的夯实和流量的留存及转化打下基础。

以上是常见的比较特定的日期，也是一些企业通常会圈定的直播销售日期。对于中小企业来说，如果不知道要在哪个日期进行直播销售，不妨先从以上3种日期尝试。

（2）根据用户的画像选择时间点

什么样的时间点利于成交？自然是用户有时间观看直播的时候。所以，在圈定直播日期的时候，也要考虑用户的特征。简单地说，企业可以根据用户画像选择直播销售的时间点。

一些直播平台的用户画像中会呈现用户的活跃时间，如图5-2所示。

粉丝活跃度

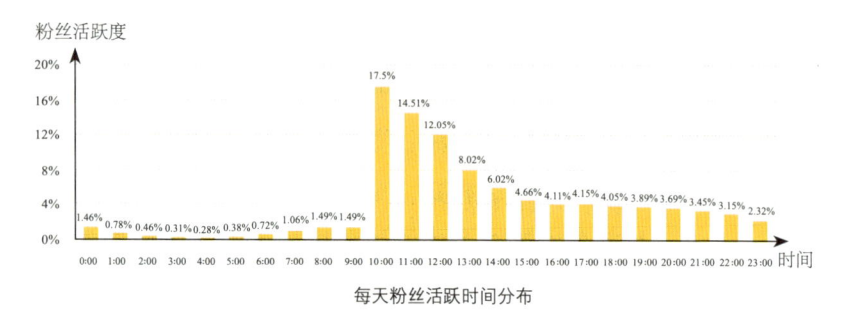

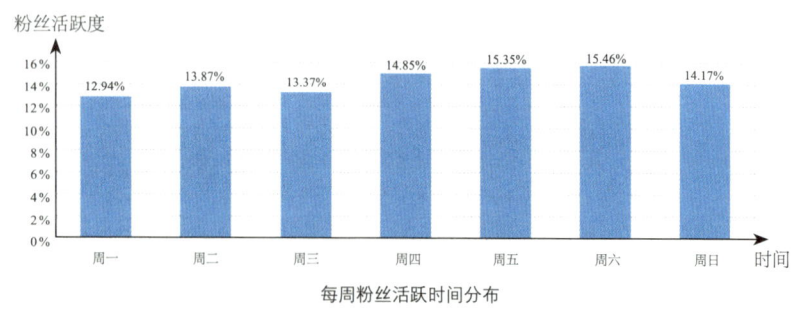

每天粉丝活跃时间分布:
- 0:00 — 1.46%
- 1:00 — 0.78%
- 2:00 — 0.46%
- 3:00 — 0.31%
- 4:00 — 0.28%
- 5:00 — 0.38%
- 6:00 — 0.72%
- 7:00 — 1.06%
- 8:00 — 1.49%
- 9:00 — 1.49%
- 10:00 — 17.5%
- 11:00 — 14.51%
- 12:00 — 12.05%
- 13:00 — 8.02%
- 14:00 — 6.02%
- 15:00 — 4.66%
- 16:00 — 4.11%
- 17:00 — 4.15%
- 18:00 — 4.05%
- 19:00 — 3.89%
- 20:00 — 3.69%
- 21:00 — 3.45%
- 22:00 — 3.15%
- 23:00 — 2.32%

每周粉丝活跃时间分布:
- 周一 — 12.94%
- 周二 — 13.87%
- 周三 — 13.37%
- 周四 — 14.85%
- 周五 — 15.35%
- 周六 — 15.46%
- 周日 — 14.17%

图 5-2 某平台的用户活跃数据分析图

通过某平台的用户活跃数据分析图可以直观地看出，用户在周五和周六比较活跃，在一天的10:00—12:00之间比较活跃。那么，企业可以锁定这几个日期和时间段进行直播销售。

有些直播平台没有提供用户活跃度的数据分析，那么企业就要根据用户的特征分析选择利于成交的时间点。例如，母婴博主的用户大多是母亲，她们一般都比较忙。相对来说，她们在18:00后和周末会比较空闲，那么企业可以选择在18:00之后或周末进行直播销售。

用户活跃度也是寻找适合做直播销售的时间点的一个重要参考指标。企业无法明确在什么日期什么时间段进行直播销售的时候，也可以从这个方向入手去分析、思考，圈定直播销售的日期和时间点。

除了特定的日期和用户活跃时间点，中小企业在确定直播销售的日期和时间点的时候要尽量避开直播高峰期。因为直播高峰期大量的用户会涌入头部主播和知名企业的直播间，进入中小企业的直播间的用户就比较少。

企业在圈定直播销售的日期和时间点时应该全方位考察，确定一个更适合自己的日期和时间点。同时，企业也要知道，无论圈定哪一个日期和时间点都不一定能引爆流量，实现高转化，因为日期只是一个辅助工具，吸引流量和转化需要高质量的内容和直播销售能力。

3. 打造卖点：本场直播的亮点是什么

直播销售不同于常规的销售活动，需要更加直接、力度更大的卖点支撑，才能起到打动用户、吸引用户的作用。所以打造卖点也是策划直播销售活动的核心工作。

所谓的卖点是指本场直播的亮点，该亮点可以是主播，也可以是商品，还可以是优惠政策或促销活动。在一场直播销售活动中，企业可以围绕如图5-3所示的3个因素来打造卖点。

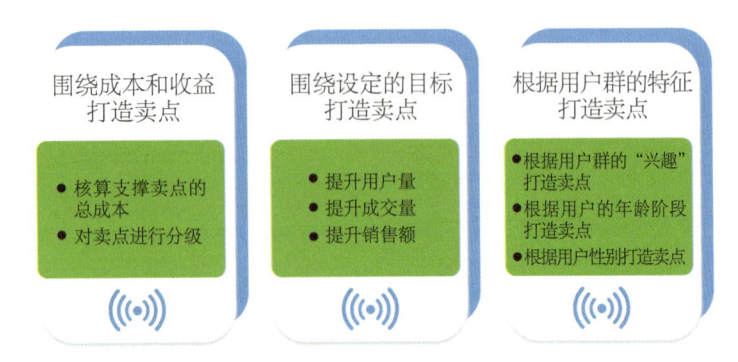

```
┌─────────────────┐  ┌─────────────────┐  ┌─────────────────┐
│ 围绕成本和收益  │  │ 围绕设定的目标  │  │ 根据用户群的特征│
│    打造卖点     │  │    打造卖点     │  │    打造卖点     │
│                 │  │                 │  │                 │
│ ● 核算支撑卖点的│  │ ● 提升用户量    │  │ ● 根据用户群的  │
│   总成本        │  │ ● 提升成交量    │  │   "兴趣"打造卖点│
│ ● 对卖点进行分级│  │ ● 提升销售额    │  │ ● 根据用户的年  │
│                 │  │                 │  │   龄阶段打造卖点│
│                 │  │                 │  │ ● 根据用户性别  │
│                 │  │                 │  │   打造卖点      │
└─────────────────┘  └─────────────────┘  └─────────────────┘
```

图 5-3　打造直播销售的卖点

（1）围绕成本和收益打造卖点

不少企业表示，打造卖点并不难。通常，他们的做法是聘请头部主播或者赠送价值比较高的商品。不可否认的是，这些都是比较有吸引力的卖点。但是，任何一场直播销售的目的都是赢利，没有企业希望在直播销售中亏损。然而请头部主播或者赠送价值比较高的商品需要较高的成本，这个成本并非所有企业都能承担。所以，不建议企业长期采取这种方式打造卖点，尤其不建议中小企业采取这种方式打造卖点。

一个好的直播卖点应当既能吸引用户又能帮助企业节省成本。所以，企业应当围绕成本和收益打造卖点，即以低成本、高收益为目标打造卖点。为此，企业需要做好以下两件事。

一是核算支撑卖点的总成本。企业应根据自身的资源、实力详细地核算支撑卖点的总成本是多少，然后再根据核算的总成本打造卖点。

二是对卖点进行分级。低成本打造卖点并非赠送一些便宜的礼品或制定一些小的优惠政策，而是通过一些策略使卖点的利益最大化。

对卖点进行分级就是一个很实用、有效的策略。企业可以将卖点分成高、中、普通3个等级，并设定一定的门槛和数量。例如，凡购买3件商品的用户赠送价值299元的礼物，购买2件商品的用户赠送价值100元的礼物，购买一件商品的用户赠送价值58元的礼物。普通等级主要是为了促进互动，中、高级是为了促进商品转化。

核算总成本可以有效控制直播销售的成本，而对卖点进行分级则有助于明确直播销售的收益，这样就能够以较低的成本获得较高的收益。

(2) 围绕设定的目标打造卖点

在直播销售中，目标不同，打造的卖点也会不同。所以，企业应围绕设定的直播销售的目标打造卖点。

在本章第1节我提到，直播销售的目标一般有提升用户量、成交量和销售额3种，打造卖点时就应当围绕这3个目标进行。

当直播销售以提升用户量为目标时，就需要打造一些能够吸引用户进入直播间的卖点，如与市场热度比较高的主播合作进行直播销售活动，或者选择一些市场热度比较高的商品进行销售。热度高的主播或商品可以在一定程度上吸引用户进入直播间，进而可以达到提升用户量的目标。

当直播销售以提升成交量为目标时，就要通过提供福利商品、优惠活动等策略打造卖点，这些策略可以促进用户购买，提升成交量。

当直播销售以提升销售额为目标时，就可以采取第3章第6节提到的"设计商品的组合"的方式打造卖点。这样做可以在一定程度上提升商品的销售额。

（3）根据用户群的特征打造卖点

不同的用户群需求不同，需要打造的卖点也会不同。所以，在打造直播销售的卖点时，企业也要根据用户群的特征进行构思。

根据用户群的特征打造直播销售的卖点可以参考以下几个策略。

根据用户群的"兴趣"打造卖点。一些平台的用户画像中会提供与用户的"兴趣"相关的数据，如图5-4所示。企业可以根据这些数据锁定用户感兴趣的领域。例如，下图中用户感兴趣的领域是美妆、影视和家居家装，那么企业可以围绕这几个方面打造直播销售的卖点。

| 兴趣 ①

美妆：6.2%　摄影　娱乐　知识

减肥　**美妆**　素材　出行　兴趣爱好

文化　影视　时尚　家居家装　运动健身

教育　健康　美食　科技数码　民生资讯

图5-4 某主播在某平台的用户群的"兴趣"

根据用户的年龄阶段打造卖点。年轻的用户追求有趣、好玩、新颖，如果企业的用户偏年轻化，那么就要围绕有趣、好玩、新颖打造卖点，例如企业可以邀请一些幽默的主播进行直播销售。年纪较长的用户更关注商品的质量和价值，那么企业就要围绕商品的性价比和价值打造卖点。

根据用户性别打造卖点。女性跟男性在购物需求上存在一定的差别，例如，女性比较关注化妆品，男性则比较关注电子产品。所以，企业也可以根据用户的性别打造直播销售的卖点。例如，美妆主播的用户是女性居多，那么可以将直播销售的卖点打造为"一场化妆品的盛宴"。

当然，用户群的特征远不止这些，还有职业、受教育程度等方面的特征，这就要求企业要善于分析用户群的特征，并深挖用户的偏好和需求，再基于此打造直播销售的卖点。对用户了解越深入，打造的直播卖点越容易吸引用户。

打造卖点是直播销售中十分重要的环节，决定了直播销售的目标是否能达到。同时，也是需要团队紧密协作的环节，从打造卖点方案的提出到执行，都需要企业的各个团队的配合。所以在这个环节，企业的各个团队一定要齐心协力、互相配合，争取打造出能够引爆直播间流量的卖点。

4. 设计主题：用户、商品、时节和活动

任何一场转化率高的直播销售都有明确的主题。明确的主题不仅可以防止主播在直播的过程中出现偏离主题的问题，还可以更加清晰地向用户传递他们在这场直播销售中能够获得什么。

例如，某场直播销售的主题是"口红狂欢日"。主播在进行直播销售的时候就会围绕口红条理清晰地展开直播，用户也知道通过这场直播他们可以观看并购买自己心仪的口红。相反，如果直播销售没有主题，主播在直播的过程中可能想到哪说到哪，用户对此会感到疑惑，不知道这场直播到底是销售商品还是主播个人的脱口秀。这样的状态下，用户很容易流失。

所以，在直播销售的策划逻辑中，设计主题也是不可忽视的环节。直播销售主题可以围绕用户、商品、时节和活动4个方向设计，如图5-5所示。

图 5-5 设计直播销售的主题方向

（1）根据用户的消费特征设计主题

不同的用户其消费心理和消费特征不同，这也决定了直播销售主题的不同。直播团队可以通过精准定位用户和市场，确定目标用户群，然后设计能够吸引目标用户群的直播销售主题。

在本章的第3节我提到了根据用户群的特征打造卖点的几个策略，包括用户群的兴趣、年龄、性别等。这些策略也可以运用到直播销售主题的设计中。

例如，用户的年龄较小，他们更加在乎商品的外观、便捷性、趣味性、新颖程度等，那么直播销售的主题就可以围绕这几个特点设计。

用户的年龄在30~40岁，他们更加在乎商品的质量、价格，那么直播销售的主题就要围绕这几个特点设计。

用户是新手妈妈居多，她们更加在乎商品的材质，那么直播主题就要围绕商品的材质、环保等方面设计。

根据用户的消费特征设计直播销售的主题，有利于吸引更多的目标用户，提升用户量。

（2）根据商品的特点设计主题

商品是一场直播销售中的主角，是吸引用户的关键因素。所以，在设计直播销售的主题时，不妨从商品的特点角度构思，突出商品的亮点。

2020年6月，为了推动内蒙古自治区电商行业的发展，促进平台经济模式向内容经济模式转变，内蒙古自治区相关单位联合某电商平台展开了以"享受草原美食、品内蒙古味道"为主题的直播销售活动。

"享受草原美食、品内蒙古味道"的主题就是围绕商品本身的特点设计的。当用户看到这个主题时，便能够知道通过这场直播可以买到来自内蒙古的草原美食。如果用户有购买需求或对内蒙古的草原美食感兴趣，他们就会进入直播间观看。

围绕商品的特点设计主题相对来说更加能促进商品转化，因为大多数用户都是冲着商品来的。所以，如果商品本身有十分鲜明的特点，那么企业不妨围绕商品本身的特点设计直播销售的主题。

（3）根据时节的特点设计主题

时节是指季节、节令，如春季、大暑等。不同的时节有不同的特点，直播团队也可以根据时节的特点设计直播销售主题。

夏季比较炎热，用户需要降暑、防晒类的商品，那么直播销售主题可以设计为"夏季新品发布会""特惠夏季商品，让你凉爽一夏""夏日清新显瘦穿搭专场"等。

冬季比较寒冷，用户需要保暖、御寒类的商品，那么直播销售的主题可以设计为"暖冬必备单品专场""冬日保暖显瘦穿搭专场"等。

一些季节性比较强的商品较适合根据时节设计主题，因为能够直击大多数用户的需求，进而能够吸引他们进入直播间并完成购买行为。

（4）根据活动的特点设计主题

主播或企业有时候会做一些活动，如回馈新老用户的促销活动，或者帮扶农民的公益活动。这些活动本身就是一个对用户很有吸引力的因素，因此在设计直播销售主题的时候也可以根据活动的特点进行构思。

2020年12月31日，"时代楷模"赵亚夫走进了直播间，开展了一场以"助力'四新'，供销直播'帮助农民销'"为主题的直播销售活动。直播销售活动期间，赵亚夫向直播间的用户推荐了赵亚夫系列农产品，且取得了不错的销售成绩。

虽然赵亚夫直播的销售成绩远不及一些头部主播或腰部主播，但是这样的创新形式能够有效拉动农产品的消费，帮助农民脱贫攻坚，这也是一种成功。影响这种成功的关键因素有很多，但是最为关键的因素还在于直播的主题"助力'四新'，供销直播'帮助农民销'"。这个主题可以吸引一些希望为助农做出贡献的用户，或者希望买到一些农产品特产的用户。所以，企业在设计直播销售的主题时，可以根据直播销售活动的特点展开思考。

策划任何活动都必须有一个明确的主题，否则活动无法顺利地开展，直播销售活动也是如此。明确的主题不仅可以为直播团队接下来的策划工作和实施工作提供明确的方向，还能精准锁定目标用户。所以，直播团队切不可忽视设计主题这个环节。

5. 拟定标题：突出直播内容，吸引观众点击观看

企业要想吸引用户进入直播间就必须给用户一个进入直播间的理由，一个有吸引力的标题就是一个很好的理由。这也是很多业界人士说"直播销售效果好不好，直播的标题占一半因素"的原因。

好的标题既可以为直播销售的主题起到画龙点睛的作用，又能够吸引用户按照你的"指示"采取下一个动作，进入你的直播间。所以，拟定一个具有吸引力，能够吸引用户点击观看的标题也是直播团队的

重点工作。通常可以采取如图5-6所示的5种形式拟定一个具有吸引力的标题。

- 直击问题型：用户核心痛点 + 解决方案
- 正话反说型：制造反差，吸引用户注意
- 网络热词（表达方式）型：提升直播间的点击率
- 教学型：告诉用户他们可以获得某项技能
- 紧迫型：加快用户的点击速度

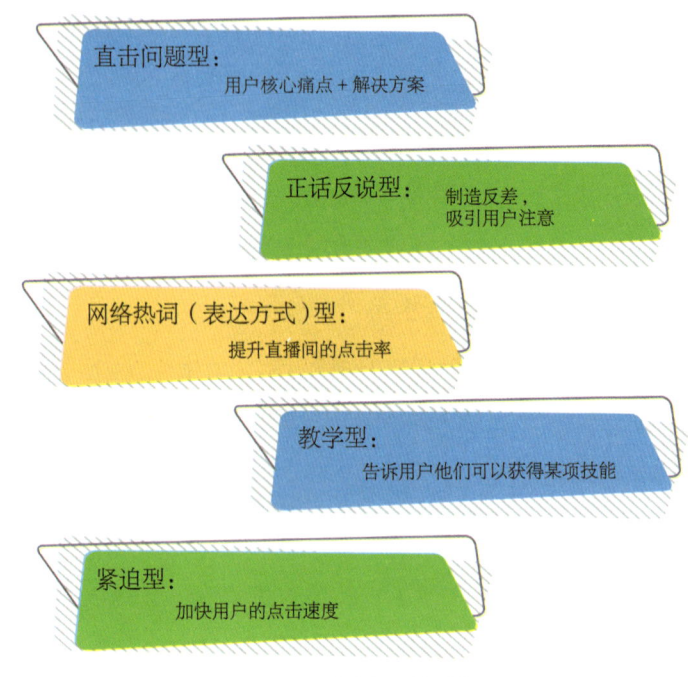

图 5-6　拟定标题的形式

(1) 直击问题型：用户核心痛点 + 解决方案

问题是指用户在生活中遇到的难以解决的烦恼，直击问题型标题就是指将"用户的核心痛点"和解决方案联系在一起，然后巧妙地运用到标题中。

能够直击用户痛点的问题必然能够引起用户的注意，并且会让用户忍不住想进入直播间观看。

例如"150厘米小个子穿搭：超显高的短款毛呢外套"这种标题就

是典型的"用户核心痛点＋解决方案"。对于一些身材娇小的女生来说，她们可能会迫不及待想进入直播间观看。

要注意的是，直接问题型标题需要企业深入挖掘用户的需求点，了解用户想解决的问题或烦恼，然后将其与商品的特点联系在一起，这样才能吸引用户的注意力。

（2）正话反说型：制造反差，吸引用户注意

正话反说是一种逆向表达方式，这种方式可以通过制造反差吸引用户注意。例如，某场直播的标题为"别点，点就省钱"。"别点"就是一种逆向表达。"别点"就是为了引起反差，很容易激发用户的好奇心，"点就省钱"又给了用户一个答案。这个时候如果直播销售的商品刚好是用户喜欢的东西，那么他们点进去的可能性就非常大。

这种标题虽然有一定的吸引力，但是不建议频繁使用。因为这种反差有时候容易让用户产生抵触情绪，不愿意点击进去。所以，采取这种形式拟标题的时候需谨慎。

（3）网络热词（表达方式）型：提升直播间的点击率

大部分用户对网上比较热门的词汇和表达方式都比较感兴趣，所以也可以根据网络热词或表达方式拟定直播销售的标题，这种标题能够在一定程度上提升直播间的点击率。

例如，某食品直播间的标题为"我这不是壮，是幸福在歌唱""我会归来拯救你们的胃"，这两句话的表达方式是网络上比较流行的表达方式，能够激发一些用户的兴趣，吸引他们关注。

但是采取这种方式拟定直播销售的标题，一定要确保标题和内容相符合。标题与内容不符会让用户产生疑问，即便他们觉得你的标题有趣也不会进入直播间，因为他们不清楚进入直播间可以获得什么。

（4）教学型：告诉用户他们可以获得某项技能

用户购买任何商品都是希望商品能够为他们带来一定的价值，采取教学型的方式拟标题就是在告诉用户可以通过观看直播销售获得什么样的价值，这个价值有时候甚至超越商品本身的价值。教学型标题可以有效抓住用户可以从直播中获得实际利益的心理，其吸引力势不可挡。

例如，某护肤品直播间的标题为"手残党都可以学会的化妆技巧"，就是在向用户传递他们可以获得的实际价值，不仅能够买到好用且便宜的护肤品，还能够学会化妆这项技能。对于一些不懂化妆但对化妆感兴趣的用户来说，这个标题就具有非常大的吸引力。

（5）紧迫型：加快用户的点击速度

紧迫型标题是为了给用户传递一种紧迫感，进而加快用户的点击速度。

例如，某服装直播间的标题为"一万件，开仓第一天，给钱就卖"，就击中了用户贪便宜的心理，用户会因为害怕错过物美价廉的商品而加速点击，进入直播间。

同样，这类标题与内容也一定要相符，否则会让用户感觉受到欺骗，下次便不会进入直播间。

以上5种是常见的且能够突出直播内容，吸引用户进入直播间的拟标题的方法，除了这几种形式外，还有纯利益型标题，如"1元钱秒杀××商品""××商品特卖"。还有追热点型标题，如"某主播推荐的某商品"。如果实在构思不出好的标题，可以参考一些流量比较大的直播间，看看他们的标题是如何拟的。

拟定标题的形式有很多种，具体要通过哪种形式拟定标题，直播团队需根据商品的特点或直播主题而定。除此之外要注意的是，直播销售的标题不宜过长，一般9~12个字比较合适，且不能出现《广告法》禁用词汇，如"最好""世界第一"等。具体有哪些广告禁用词汇可以通过阅读《广告法》了解或者通过搜索引擎搜索。

6. 设计封面图：突出主题内容的特色

不少主播和企业会花费一定的心思拟定直播销售的标题，因为他们已经感知到一个有吸引力的标题对直播销售的重要性。但一些企业遇到的问题是，即便他们拟定了一个具有吸引力的标题，也无法吸引用户进入直播间观看。那么问题究竟出在哪呢？

有一个简单的方法可以找出这道题的答案，就是对比直播平台的直播间列表，分析那些用户观看数量较多和用户观看数量较少的直播间的封面图之间的差距。如图5-7所示。

图 5-7 某直播平台的直播间的两张封面图

如果要根据图 5-7 中的两张封面图选择一个直播间进入，你更愿意选择进入哪一张？大多数人应该会选择第二张图。因为第一张封面图的主题不明确，用户不知道直播间是在销售茶叶还是一场诗词大会，而第二张封面图呈现的信息比较多，用户明确知道进入直播间可以购买夏日新款珠宝，且还有特卖优惠。所以，影响用户进入直播间的因素除了标题外，还有封面图。

相比较来说，图片给用户带来的视觉冲击力要远远大于文字带来的视觉冲击力。所以，如果没有一张视觉体验较好的封面图，那么即便标题拟得再好，也很难吸引用户进入直播间。

一些企业认为封面图越简洁越好，所以很多时候他们都会直接放一张主播的自拍照、风景图或者商品图。实际上，一张封面图能够承载和传递的信息很多，例如直播销售的优惠活动、商品的特点、主播与嘉宾、活动主题等。这些信息也是吸引用户的关键点，企业可以围绕这些信息设计一张既好看又能传递有效信息的封面图。

（1）突出展示直播销售的优惠活动

直播的封面图上可以突出展示本场直播销售的优惠活动，这是吸引用户进入直播间的有效方式，如图5-8所示。

图5-8是某主播的某场直播销售的封面图，图中呈现了商品种类，并重点突出了商品的优惠活动，如"3.2折""2.9折""到手价……"。如果封面图上的大多数商品是用户想购买的，且价格很吸引用户，那么用户进入直播间的可能性就非常大。哪怕只有一件商品刚好满足用户的需求，他们也会进入直播间观看。

但要注意的是，封面图的空间有限，如果采取这种形式设计封面图，不要将所有优惠活动堆砌在图中，这样很容易造成用户视觉疲劳，导致他们不会仔细观看图片。所以，一般只需要将优惠力度比较大的活动放在封面图中即可。

图5-8 某场直播销售的封面图

(2)突出展示有特点的商品

商品的特点也是吸引用户进入直播间的理由,所以,如果直播销售中有一些比较有特点的商品,那么可以围绕商品的特点设计封面图,如图5-9所示。

图5-9 某场直播销售的封面图

该封面图中直接呈现了直播销售中的商品以及直播间的优惠价。这种有特色的商品图和有吸引力的优惠价呈现在一张封面图上能够有效提升用户的视觉体验,对用户的吸引力也可想而知。如果直播销售中有比较有特色的商品,不妨在封面图中直接展示出来。

(3)主播与嘉宾

一些粉丝体量比较大的主播或者知名度比较高的嘉宾本身就能吸引一定量的用户。

如果用户是主播或嘉宾的粉丝,那么他们或许不会在乎这场直播销售活动究竟要销售什么样的商品,他们只要看到这种封面图就会进入直播间观看。所以如果主播粉丝体量较大或者直播间请来了知名度较高的嘉宾,那么封面图就可以直接用他们的形象照。

(4)活动主题

一些活动的主题本身就具有一定的吸引力,所以在设计封面图的时候不妨围绕活动主题设计,如图5-10所示。

图5-10 "时代楷模"赵亚夫参与直播助农的封面图

该直播销售活动的目的是助农,因此封面图围绕主题"'时代楷模',赵亚夫系列农产品直播专区"设计,以山脉和水稻为背景图,主图突出赵亚夫手拿水稻。这样的封面图给用户呈现的信息比较清晰,想参与这场公益的用户就会进入直播间。

以上几种设计封面图的形式可以单独使用,也可以组合使用。当然,设计封面图的形式远不止这些,企业可以根据直播销售的主题设计更加有创意、能够吸引用户的封面图。同样要提醒企业注意的是,设计封面图与拟定标题一样,都不能出现《广告法》禁止使用的一些词汇。

在直播销售盛行的时代,每天都有大量的主播在进行直播。企业要想在众多的直播间中脱颖而出，让观众在几秒钟内就注意到你并愿意进入你的直播间观看直播，就必须设计一个能够突出主题内容的特色封面图。

7. 设计直播的内容与形式

"内容为王"不仅适用于图文创作和视频创作，同样适用于直播销售。用户可能会因为直播销售的标题、封面图等因素进入直播间，但最终能够留住用户，并将用户从普通用户转化为粉丝的核心因素仍然是直播的内容。与直播的内容同样重要的是直播的形式，一个与直播的内容相符的形式也是留住用户的关键因素。所以，在拟定标题、设计好封面图后，企业还应精心设计直播的内容与形式，如图5-11所示。

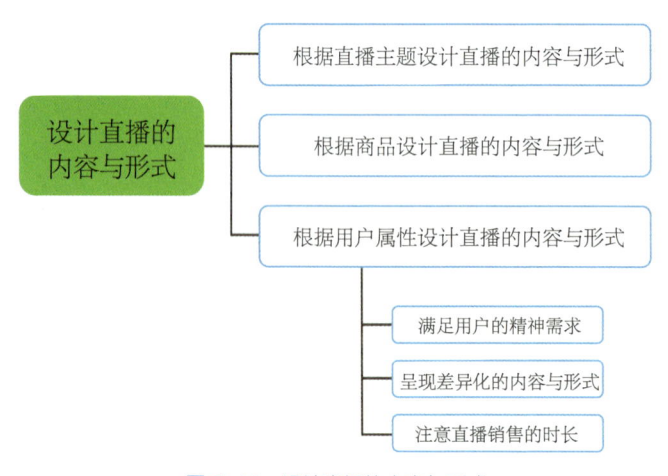

图5-11 设计直播的内容与形式

(1)根据直播主题设计直播的内容与形式

直播销售可以设计不同的主题,主题不同,与之对应的内容与形式自然不同。否则就会给用户一种"表里不一"的感觉,即便用户进入了直播间,也可能会在观看几秒钟后就离开。所以,要想吸引用户进入直播间并将用户留下来,就应当根据直播主题设计直播的内容与形式。

直播的主题是"享受草原美食、品内蒙古味道",那么策划内容的时候就要围绕内蒙古的草原美食展开。内容应涵盖内蒙古的相关知识和商品信息,直播形式则可以设计为"主播 + 内蒙古自治区的牧民"。

这样的内容和形式才能响应主题,让用户进入直播间之后能够看到自己想看的,并能够购买到自己想购买的。所以,设计直播的内容与形式的时候首先要明确直播的主题是什么,然后再深入思考这类主题可以通过什么样的内容和形式更好地呈现出来。

(2)根据商品设计直播的内容与形式

如果不知道如何设计直播的内容与形式,那么不妨从商品入手。不同的商品有不同的销售方式,直播的内容和形式自然也不同。

例如,直播销售的商品是美妆、护肤类,那么直播的内容则要围绕美妆、化妆技巧、如何保养皮肤、如何正确护肤等方面设计,直播形式可以是"主播 + 美妆博主"或"主播 + 知名度高的明星"。

针对不同的商品,设计不同的直播内容与形式,这样的直播销售才更加有针对性,更加能吸引目标用户,留住客户并促进商品转化。

(3)根据用户属性设计直播的内容与形式

不同用户的需求和消费特点不同,这就会导致不同的用户喜欢的直播的内容和形式不同。

例如,年轻的用户喜欢新颖、有趣的直播形式,而年龄较长的用户习惯常规的直播形式。

所以企业在设计直播的内容和形式的时候,可以根据用户的特征设计符合他们兴趣爱好的直播的内容与形式。

设计直播的内容与形式时考虑得越全面,越能设计出吸引用户的直播的内容与形式。但是无论按照哪种方式设计的直播的内容与形式都应注意以下3个问题。

一是满足用户的精神需求。直播的内容不仅仅是与用户分享、推荐商品,满足用户"物美价廉"的需求,同时还应当为用户提供一些精神需求。

例如,帮助用户排解孤独,让用户可以从你的直播间获得快乐。罗永浩曾表示,很多用户其实不是奔着购买产品来的,而是喜欢线上热热闹闹的氛围,喜欢与他人互动。

二是呈现差异化的内容与形式。直播销售盛行的时代,不可避免会出现同质化严重的直播的内容与形式。直播团队要想从这些千篇一律的直播的内容与形式中脱颖而出,就应当为用户呈现差异化的内容与形式。

某家茶叶店在开展直播销售时十分懂得在内容上以百变取胜。例如,在策划直播内容的时候会围绕类似"妙用西湖龙井"等有趣的主题设计直播的内容与形式,并且会在直播中分享给用户辨别西湖龙井茶和煮茶的方法,还会针对龙井茶的特性,帮助用户足不出户就可以解决如何护肤、美白、养颜等问题。

从不同的角度切入能够设计出一些花样百出的内容,进而能够吸引用户进入直播间观看和购买。

三是注意直播销售的时长。直播销售的时长是一些直播团队比较容易忽视的问题,这个问题也会影响用户观看和购买。如果直播时长过短,会让用户有意犹未尽的感觉,对商品还没有完全了解,会影响他们的购买决策;如果直播时长过长,则会给他们造成视觉疲惫感,导致他们可能提前退出直播间。所以,直播的时长不宜过长,也不宜过短,一般以5~6小时为宜。这就要求设计直播的内容时,要根据计划的直播时长酌情删减或添加内容。

一个能够吸引用户进入直播间的标题必定要有相符的、优质的内容和有趣的形式的支撑,否则没有用户愿意在你的直播间停留。

8. 梳理直播流程,撰写直播脚本

什么是直播脚本?直播脚本是指采取书稿的方式写出一个直播销售的框架底本,目的是让主播能够朝着预想的方向,有序地进行直播销售。直播销售要想顺利地进行,撰写直播脚本就是必不可少的环节。

直播脚本主要分为两种形式:单品直播脚本和整场直播脚本。单品直播脚本包含在整场直播脚本里，是指针对直播中的某款商品撰写的直播脚本。

通常情况可以先写直播销售中每一件商品的单品直播脚本，然后再写整场直播脚本。

(1) 撰写单品直播脚本

单品直播脚本是指针对某款商品撰写直播销售的框架底本，这样有利于主播在直播销售的过程中清晰、准确地向用户传递商品的信息、价值，进而促进用户购买。

例如，我们去商场买东西的时候，并不想看专业术语堆砌的宣传单或产品说明书，更加希望有一位专业人员能够用通俗易懂的方式向我们介绍商品，最好可以直接体验、展示给我们看。

单品直播脚本起到的正是这样的作用。撰写单品脚本需要深入了解每一件商品的特点以及卖点和价值，最好可以通过一个可视化的方式或者体验动作展示出来。这样做才能让用户有更直观的视觉体验，进而能够促进用户购买。

实际上，想要做好任何一场直播销售活动，都必须认真撰写单品直播脚本，将商品的卖点提炼出来。

直播间的商品大体可以分为三大类。

一是可以直接在直播间呈现商品产地的商品，如水果、海鲜。这类商品性价比较高，可以在直播中直接呈现商品的产地或制作过程。

二是可以为用户呈现一些免加工的商品，这时候需要有一个真实的人物来到现场助播。例如，直播间销售的是农产品，那么可以直接呈现一些免加工的农产品让用户看到,并邀请种植农产品的人助播。

三是商品的信任背书。主播在直播间可以介绍商品的信任背书,如材料、原产地以及获得了什么样的专业技术,通过这些信息获得用户的信任,吸引用户购买。

不同的商品有不同的特点,这也决定了在撰写单品脚本的时候应根据商品的特点来撰写,重点突出商品的特点。

(2)撰写整场直播脚本

在本章的前几节中我提到的内容有"设定目标""圈定日期""打造卖点""设计主题""拟定标题""设计封面图""根据主题设计直播的内容与形式",撰写整场直播脚本其实就是对这些流程进行梳理,整理出一个思路清晰的框架底本。

具体来说,一个完善的整场直播脚本应当包含以下6个内容,如图5-12所示。

图 5-12 整场直播脚本应包含的内容

一是直播主题。在本章的第 4 节我阐述了直播主题的重要性,并提供了设计直播主题的一些策略,在撰写脚本这个环节,直播团队就要将主题确定下来,并写在直播脚本上。

二是直播时间段。在本章第 2 节我提到要圈定一个利于成交的时间点,并提供了相关的方法。撰写脚本的时候就要确定直播时间段并写在直播脚本上。明确的直播时间段能够让直播团队和主播在直播前做好相关准备,确保直播可以按照约定的时间顺利开始。通常情况下,主播需要提前半小时进入直播间,熟悉脚本,做好直播前的相关准备。

三是直播相关人员。直播不是主播一个人的脱口秀,需要团队的分工协作才能实现商品的高转化。所以,直播脚本中必须明确直播相关人员的信息。这部分可以参考第 4 章第 4 节的关于直播间的三大角色和分工的内容。除了这些角色外,一些规模较大的直播销售活动可能需要更多的人员,如灯光师、摄影师、摄像师等,这些角色和职责都要清晰地呈现在直播脚本中。

四是直播预热。直播预热也是撰写脚本时需要明确的内容。所谓的预热就是如何开场,活跃直播间的氛围。在撰写直播脚本的时候可以将直播预热的内容和方式详细记录下来,这样能够有效避免冷场的情况出现。

五是商品推荐顺序。在选品环节我就已经明确直播间需要哪些商品,以及应该先推荐什么,后推荐什么,什么时候开始优惠活动等。这些信息是直播销售的关键信息,能够帮助主播有序地推荐商品,推进直播顺利地进行，所以在撰写直播脚本的时候，这部分内容一定要具体、详细记录下来。

六是时间规划。直播的时间规划也是整场直播脚本的重头戏。时间划分越具体，越利于直播销售稳步推进。如果直播的时间不太长，而且商品类型比较单一，可以简单地分成"上半场"和"下半场"。如果直播时间较长，而且商品的品类较多，可以按照商品的品类将整场直播分成几个模块，如"美服时间""美妆时间""美食时间"。

以上是撰写一场直播销售脚本时应当包含的内容，但是任何一场直播的脚本都不是一成不变的，需要直播团队不断去优化、调整。所以，具体如何撰写直播脚本除了要在直播脚本中体现以上提到的内容，还要求直播团队深入研究，不断优化、调整。

除此之外，还要注意的是，直播脚本是为整场直播和主播提供方向，但不是不变的规定。直播销售现场可能会出现很多问题，这些问题可能是脚本中没有涉及的，这时候企业和主播就要抛开剧本，灵活地应对问题，让直播销售顺利地进行下去。

第二部分
直播销售的策略和技巧

　　直播销售的底层逻辑传达的信息是直播销售是什么以及为什么要做直播销售，在明确这两点后，企业接下来要探究的就是如何做，即直播销售的策略和技巧是什么。在底层逻辑和策略、技巧的共同加持下，直播销售的方向才能更加明确，成功之路才会更加顺畅。

第6章 播前预热：
多渠道推广，快速蓄积流量

直播销售能否成功的关键在于直播间能否汇聚大量的流量。汇聚流量的第一步是做好播前预热的工作。

1. 提前预热，为直播间导流

很多企业会问：为什么有的主播首场直播就能吸引几十万、几百万用户，而我们的主播直播几小时只吸引了几十个用户？导致这一问题产生的原因主要有两点。

一是这些主播本身就有很高的知名度，受关注度较高，粉丝体量较大。

二是这些主播在直播前会在各个渠道进行直播预热，汇聚各个渠道的流量，如图6-1所示。

如果用户是主播的粉丝或者希望通过该场直播活动购买神秘"商品"，那么他们就有可能会锁定4月17日19:30主播在某平台的直播。一些忠诚度比较高的粉丝，甚至会为了防止错过这场直播设定闹钟或者推掉手上的工作。这就是直播预热的作用。

实际上，在市场竞争十分激

图6-1 某场直播销售的预热文案

烈、用户的选择越来越多的时代,如果不进行提前预热,酒香也怕巷子深。所以,无论企业或主播的流量如何,在进行直播销售前都要提前预热。如图6-2所示。

图6-2 提前预热,为直播间导流

(1)与用户建立情感连接,为直播销售做好铺垫

提前预热是与用户建立情感连接的有效方式。通常,预热的内容会将直播销售中的一些优惠活动、促销策略等信息传递给用户,用户会在预热的内容下面跟主播或企业进行互动。这个时候用户就跟主播或企业产生了情感连接。这种情感连接不仅有助于预热、宣传直播销售活动,还有助于提升直播中的商品转化率。

某主播跟某品牌合作进行一场直播销售活动。在直播销售前两天,主播和品牌就在各大平台提前预热,用户纷纷留言表示"一定要去看""买买买""闹钟已经定好,就等那一天"。直播当天主播刚进入直播间,直播间的人数就噌噌地往上涨,可以说还未正式开播直播间就已经热闹起来。大家纷纷弹幕"终于等到你""我今天是来消费的""等的就是这一天"……

从用户的热情不难看出,在直播前提前预热的感染力和重要性。

在直播预热阶段为了与用户快速建立情感连接，预热的内容应吸引用户参与互动，如"你们希望通过直播购买什么商品""你们还有哪些愿望，告诉我"……具体的预热内容和策略会在本章的第2节和第3节中提及，这里不再赘述。

（2）调动用户的好奇心和兴趣，为商品转化做准备

当人们对一件事情产生好奇，有强烈的兴趣时，就会忍不住想去了解这件事。在直播正式开始之前，通过"预告片"的形式可以调动用户对直播的好奇心和兴趣，让用户对直播产生期待。这是一种非常有效的预热技巧。

"预告片"的内容一般会强调直播销售中的福利，如特价活动、优惠商品等，这些福利本身就是一种吸引力，能够在一定程度上调动用户的好奇心和兴趣。例如，"直播间有特惠商品，具体有多大的优惠力度，在××时间进入我的直播间你就能知道惊喜价格"。这种设置悬念的预热策略能够进一步调动用户的好奇心和兴趣，促使他们迫不及待地想进入直播间一探究竟。

预热在一定程度上能够起到调动用户的好奇心和兴趣的作用，能够为直播间吸引流量，从而为商品转化做准备。

直播销售的效果与提前预热有着千丝万缕的联系，因为提前预热从某种程度上决定了开播时直播间的流量的多少，而流量的多少直接影响直播销售的效果。所以，企业切不可草率地开始直播销售活动，一定要做好播前的预热工作，尽可能多地为直播间导流。

2. 预热的内容：时间、主题、福利

影响用户进入直播间的因素通常有3个，如图6-3所示。

```
                    ┌─────────────────────────────────┐
                    │ 时间  明确告知具体的直播时间       │
                    └─────────────────────────────────┘

                    ┌─────────────────────────────────┐
      预热的内容     │ 主题  让用户知道这场直播销售的核心 │
                    └─────────────────────────────────┘

                    ┌─────────────────────────────────┐
                    │ 福利  强调优惠和福利，吸引用户准时 │
                    │       进入直播间                 │
                    └─────────────────────────────────┘
```

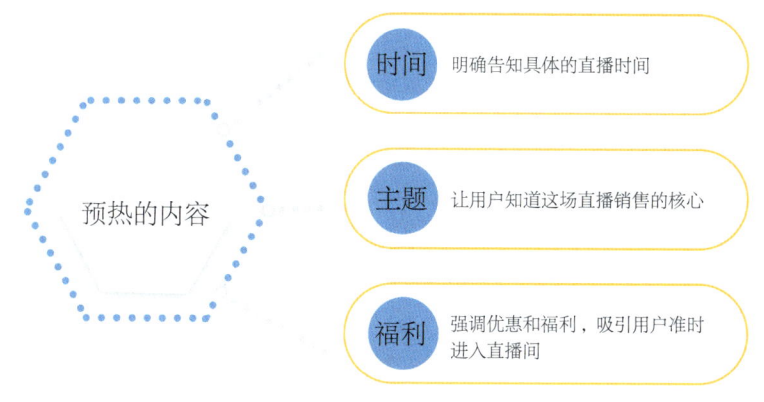

图6-3　预热的内容

（1）时间：明确告知具体的直播时间

预热的内容一定要包含具体的直播时间，让用户知道在什么时间观看直播。这样不仅可以有效防止他们错过观看直播的时间，也可以让他们形成在该时间去观看直播的意识。

例如图6-1中，某场直播的预热内容中明确直播时间为"4月17日19:30"，那么用户通过该预热内容就能够知道在4月17日19:30能够看到直播。

这条预热内容是在直播销售前一天发布的，时间具体到几点，能够进一步避免用户因遗忘具体的直播时间而错过直播销售活动。所以，如果提前一两天甚至是直播当天进行直播销售预热，建议将时间具体到几点开始。例如，某年某月某日17:00。如果是提前几天或一

周进行直播销售预热，时间则只需明确到某月某日晚上，可以不用具体到时间点，以避免临时有变动而无法准时开播。

明确具体的时间后，可以使用稍微大一点的字体将具体的时间打在预热的短视频中，或者写在宣传文案中。

（2）主题：让用户知道这场直播销售的核心

一个明确的、有吸引力的主题能够突出直播销售的核心，在短时间内抓住用户的眼球，吸引用户在约定的时间进入直播间观看直播。所以，预热环节告知用户该场直播销售的主题是非常重要的工作。

直播销售的主题一般以预热文案标题的形式出现，同时通过独立成段、改变字体、加大字号等方式突出主题，吸引用户关注该场直播。

例如，某主播在2020年5月15日在某自媒体平台发布了一个直播预热的内容，具体内容如下。

"'5·20'好物推荐&继续大牌半价！！！"今晚八点，某某直播销售清单一览。

"今晚八点准时锁定直播间，不仅有百事可乐、王老吉、好丽友等多款半价大牌商品，我们还为你精心挑选了超多值得送Ta的'5·20'礼物，全是好东西，全是超值价。"

此外，该主播还在某短视频平台上发布了预热的内容，视频中也采用较大的字体突出"'5·20'好物推荐&继续大牌半价"几个字。

从上面的预热文案和短视频内容可以直观地看出该主播该场直播的主题是"'5·20'好物推荐&继续大牌半价"，无论是在纯文案还是短视频的预热内容中，该主题均以较为突出的形式呈现给用户，让用户可以看一眼就明白这场直播是否值得自己关注和期待。

（3）福利：强调优惠和福利，吸引用户准时进入直播间

直播销售具有即时、限时的特点，即特定的时间段由特定的主播销售特定的产品，提供特定的优惠和福利。这是大部分用户愿意守候在直播间的主要原因，因为一些特别的福利只有在这场直播中才能获得。所以，在直播销售的预热环节，强调该场直播中的优惠和福利是吸引用户准时进入直播间的技巧。

某场直播预热文案为"'3·8'大促现金红包来咯！5万人随机分49 999元！抢完红包快回直播间，100多款大牌爆款1.8折起！不输'11·11'的超大力度！直播间还有超密集大红包雨！还有超惊喜抽奖！

这样清楚地向用户传递该场直播的各种福利，对用户将会产生极大的吸引力。

直播预热其实就是将与直播销售有关的主要信息传递出去，这些信息往往决定了用户会不会准时进入直播间观看直播。所以，要想吸引用户进入直播间一探究竟，就要在直播前的预热内容中呈现时间、主题和福利等3个要素，将与直播销售有关的关键信息有效地传递给用户。

3. 预热的策略：福利、悬念和直接邀请

好的策略能够扩大预热内容的传播范围，增强预热内容的吸引

力。所以，企业在策划好预热内容后，还应当再上一个台阶——掌握预热的策略。

预热的策略主要有以下3种，如图6-4所示。

图6-4 预热的策略

（1）福利：转发预热信息可获得福利，促进流量裂变

这里的福利与预热内容中的福利不同，是指用户通过转发预热信息将有机会获得的福利，能够有效促进预热环节的流量裂变。

流量裂变是指利用社交网络广泛传播信息，进行大范围引流。预热的目的就是让更多的用户知道主播或企业将在什么时间进行什么样的直播销售活动。也就是说，除了主播或企业的粉丝外，还应该将预热的信息扩散出去，进行大范围引流。要实现这一点，最为简单、直接的方式是"转发赢福利"，即通过转发预热信息将有机会获得福利。

某场直播预热信息为"……关注+转赞评，抽200人每人100元现金红包"。虽然只抽200人送福利，被抽中的概率比较小，但是这种只需要简单转发就有机会被抽中的事情,仍然会吸引很多用户。该条预热信息的转发量为2.2万,但是背后裂变出的用户远不止2.2万人,因为这些用户还会继续裂变流量。

虽然"转发赢福利"是一个非常有效的裂变流量的预热策略,但是要注意的是,不是任何"福利"都可以促进流量裂变。"转发赢福利"中的"福利"最好是直播销售中的同款原装正品,且有一定的价值,或者可以直接奖励红包。如果"福利"是一些价值较低、质量没有保障的商品,或特价处理商品、赠品等,将很难促进流量裂变,甚至会降低用户的信任感,导致用户不愿意进入直播间观看直播。当然,具体要设计什么样的福利,赠送多少福利需要根据主播或企业的具体情况来定。

(2)悬念:设计悬念,激发用户的好奇心

设计悬念通常是小说作者喜欢采用的写作手法,通过悬念可以吸引用户不断地看下去。这种策略也可以用在直播前的预热工作中。

对于一般的用户来说,如果预热的内容中没有十分吸引他的东西,那么他进入直播间观看直播的可能性就不大。如何解决这个问题呢?设置悬念。因为人天性对未知的东西感兴趣,容易产生强烈的好奇心,这种好奇心会促使他们不得不守着时间等待直播销售开始。

某主播在某平台进行第一次直播时,通过一条短视频发布了预热文案。在短视频的结尾,该主播说:"我为第一次直播准备很多便宜、新奇特的好东西!特别好!"

这样的结尾就是典型的设置悬念。用户看到这条预热短视频时会产生很多疑问,如"究竟是什么样的好东西""究竟有多便宜""第一次直播是不是会给粉丝带来很多福利"等。为了一探究竟,用户很可能会守着直播预热中告知的时间准时进入直播间观看直播。

除了可以通过福利设置悬念外,一些主播还会通过价格设置悬念。

某直播销售的预热文案中没有明确商品在直播间的售价究竟是多少,而是将厂商指导价划掉,改成了"直播间惊喜价???元"。

这样的预热文案同样会让用户产生好奇心"惊喜价到底是多少""能优惠多少钱""抢到是不是很划算"……而要为这些问题找到答案,就要准时进入该直播间。

在预热环节设置悬念能够有效激发用户对该场直播的好奇心,进而促使用户在约定时间进入直播间观看直播。

(3)直接邀请:开门见山,邀请用户进入直播间

在生活节奏非常快的时代,我们不排除一些用户没有时间和精力观看预热文案或短视频,这些用户在生活中,通常喜欢开门见山,直奔主题。所以有时候,直播前的预热也不需要太复杂,可以开门见山,直接邀请用户进入直播间。

例如,某主播在直播前的预热短视频中说:"直播了,赶快进来。"这句话简洁明了,直接邀请用户观看直播。如果用户有时间且对直播感兴趣,那么有很大可能会进入直播间观看。

所以,如果企业或主播不知道如何进行直播前的预热,那么不妨开门见山,直接邀请用户进入直播间观看直播销售。

以上3种是较常见的预热策略,这几种预热策略可以单独使用,

也可以组合使用。具体如何使用应根据用户群特征、主播或企业的具体情况而定。

4. 预热的物料：文案、图片、短视频

预热物料是为预热内容服务的，常见的物料有文案、图片或短视频。企业的直播团队可以用文案的形式进行预热，也可以用图片或短视频的形式进行预热，也可以将3种形式进行组合。无论采取哪一种形式，直播团队都应在预热之前准备好相关物料，如图6-5所示。

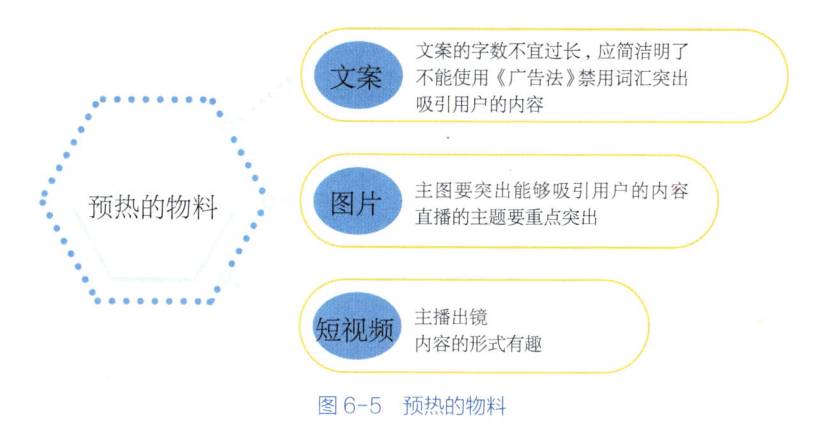

预热的物料

- 文案：文案的字数不宜过长，应简洁明了 不能使用《广告法》禁用词汇突出 吸引用户的内容
- 图片：主图要突出能够吸引用户的内容 直播的主题要重点突出
- 短视频：主播出镜 内容的形式有趣

图6-5 预热的物料

（1）文案：具有吸引力的文案是预热的核心物料

具有吸引力的文案是预热的核心物料，因为预热图片或短视频的核心也是有吸引力的文案。所以，直播团队首先要花时间和精力撰写有吸引力的文案。

某主播的预热文案如下：

（基本上）不赚钱，交个朋友；

（也许是）中国第一代网红。

该直播预热文案只有简短的两句话，直接点名了直播销售的目的"交个朋友"，能够拉近与用户之间的距离，建立情感连接；表明了自己的身份"中国第一代网红"，这种身份能够对用户产生一定的吸引力。为了避免违反《广告法》，文案的用词也比较严谨，用了"基本上""也许是"这样的字眼，既有趣又没有违反《广告法》。

在撰写预热文案时，要注意以下三点。

一是文案的字数不宜过长，应简洁明了。冗长的文案很容易给用户造成视觉疲劳，导致用户不愿意仔细阅读文案的具体内容。这样一来，文案就会失去吸引力，最好就用一两句话。此外，也要注意分段，不要用一大段文字展示。

二是不能使用《广告法》禁用词汇。这一点在第5章的拟定标题和设计封面图时已经强调过，在这里再次强调，因为该问题是绝对不允许发生的。

三是突出吸引用户的内容。直播销售的核心是商品，但是上述案例的预热文案中并没有突出商品，而是突出"不赚钱""交朋友""第一代网红"，对于该场直播销售来说，这才是吸引用户的关键点。所以，文案一定要突出吸引用户的内容，这个内容可以是主播、商品，也可以是其他有吸引力的东西，这是撰写预热文案的核心。

以上三点是撰写直播的预热文案时必须注意的，当然，直播团队可以根据实际情况撰写更加有创意的文案，轻松为直播间引流。

（2）图片：图片比文字更能吸引用户的眼球

图片的视觉冲击力大于文字的冲击力，对用户的吸引力也比较大。所以，通常建议用"文案＋图片"的形式进行预热，如图6-6所示。

"带你探秘表展，领略高级腕表"这两句话能够在一定程度上吸引用户，但是如果能有一张内容突出、视觉体验极佳的图片加持，那么对用户的吸引力将会大大增强。所以，团队设计了一张预热图片，将文案直接呈现在图片上，同时配上主播的个人形象照。这样既能增强文案对用户的视觉冲击力和吸引力，又能强化人设和IP。

图6-6 某主播的直播预热文案

直播团队在设计预热图片时应注意以下两点。

一是主图要突出能够吸引用户的内容。上述案例中的主播本身知名度较高，所以预热图片的主图直接用了该主播的个人形象照。主图并非固定的，可以用主播的个人形象照，也可以用商品的宣传图，具体如何选择主图需根据实际情况而定，前提是主图可以最大限度地吸引用户。

二是直播的主题要重点突出。一般来说，直播的主题要和其他文案的字体不同，而且字号要大一些，最好再加粗设计，这样更容易在第一时间抓住用户的眼球，直击用户的内心。对主题感兴趣的用户便会进入直播间观看直播。

如果条件允许，最好制作多张预热图片，以满足不同渠道、不同阶段的宣传需求。

（3）短视频：适合新时代的媒介

短视频是新时代用户比较青睐的一种宣传方式，也是和直播销售关联度最大的一种形式。所以，最好制作一些短视频，通过短视频的方式发布预热的内容。

预热的短视频绝不是简单地将直播文案朗读一遍，一个引流效果较好的短视频通常有以下两个特点。

一是主播出镜。预热的短视频最好由主播本人出镜，这样更加容易增强用户的信任感，也便于在后期的直播销售中与用户建立情感连接。

二是内容和形式有趣。短视频的内容要有趣才能吸引用户观看，否则用户很可能短暂停留一会就退出直播间。

某个预热短视频中呈现的场景和内容如下：

主播穿着睡衣，睡眼惺忪，然后缓缓地起身，团队的工作人员对他说："×××，除夕直播马上就要开始了，赶紧啊！"

主播立马冲着镜头说："直播咯！"

然后下一个镜头就切换到主播穿着红色的西服，抱着一个礼盒说："除夕16:00来×××直播间，连续8小时，全场0.1元秒杀。所有女生的礼物，除夕狂欢夜，快来抢吧。"

主播采取有趣的内容和形式为除夕夜的直播销售进行预热，并告知用户直播销售中会有哪些福利，这种预热方式能够在一定程度上激发用户的兴趣，吸引用户进入直播间。所以，在制作预热的短视频时要设计一些有趣的内容和形式。

预热的文案、图片和短视频等物料需要准备多少应根据主播的粉丝体量、企业的规模、影响力等因素来定。粉丝体量较大的主播或规模较大的企业，可以根据预热的时间段（一周前、一天前、直播前的2~3小时）准备物料即可，也就是准备3个文案、3张图片以及3个短视频。新主播或规模较小的企业，建议在此基础上多准备几份，可以发一些不同的文案、图片和短视频，以更大限度地引流。

5. 预热的时间：流量范围的预热时间点

有一些企业非常重视直播前的预热环节，且会花费大量的时间和精力进行预热，但是实际的引流效果却没有他们期望的那么好。为什么呢？大部分情况下是因为他们预热的时间不对。

在第2章第2节"圈定日期"中我提到，所谓的成功就是在正确的时间做正确的事情，因此要圈定利于成交的直播日期和时间点。同样的道理，直播前的预热也要选择正确的时间。

直播预热的时间不宜与直播开始的时间距离太远，因为人的记忆力是有限的。而且在信息大爆炸时代，人们每天都要接收大量的信息，直播预热信息很容易被他们遗忘。那么什么时间预热才能更大范围地获取流量呢？一般来说，最佳的预热时间点有以下3个。

（1）提前一周进行预热

提前预热一般不要超过一周。通常情况下，如果是一些规模较大和知名度较高的品牌打算通过直播销售的形式做新产品推介活动，那么建议提前一周进行预热。

2020年12月28日，某知名电子品牌发布了新产品，并举行了直播发布活动。该品牌的创始人早在12月22日10:00就在某自媒体平台上发布了一条预热文案和一张预热图片。

对于一些规模较大和知名度较高的品牌来说，提前一周预热有如图6-7所示的3个优势。

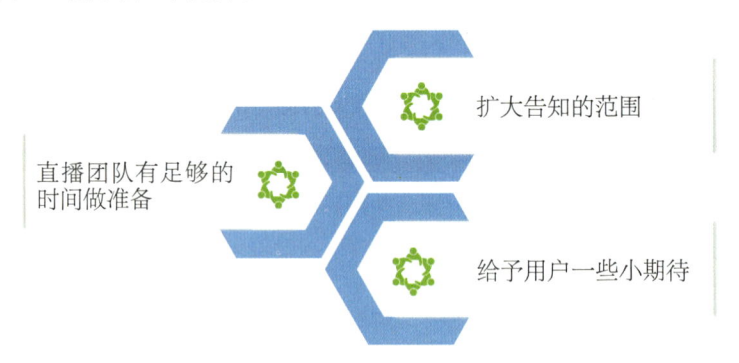

图6-7 提前一周预热的优势

一是扩大告知的范围。任何时间通过任何形式采取何种策略预热的基本目的都是告知，即明确告知用户在哪一天的什么时间可以看到什么样的直播销售活动。例如"12月28日19:30××品牌新品发布会"，用户看到这个文案便能获悉，他们可以在12月28日19:30看到××品牌的新品发布会。如果他们对此产品感兴趣或者要了解一些市场趋势，他们便会在这个时间进入直播间观看。之所以要提前一周告知，是因为一些品牌的影响力比较大，热度也会比较大，基本可以持续一周，提前一周进行预热，才能够将预热信息更加广泛地传递出去，让更多的人知道，进而为直播间吸引更多的流量。

二是给予用户一些小期待。提前一周预热可以适当给予用户一些小期待。因为一周是一个既不算长又不算短的时间，这样的等待时间会让用户产生一种"反正就几天时间，我倒是想看看究竟要推出什么样的新产品"的小期待。这种小期待会促使用户等待进入直播间观看直播。

三是直播团队有足够的时间做准备。如果预热引起了很大的市场反应，超过了预期，那么一周时间也足够直播团队调整策略，做好相关准备，确保直播销售顺利进行。

规模较大、知名度较高的品牌发布新产品的时候可以提前一周预热，一些知名度不高的品牌则不建议提前一周预热，一般可以提前2~3天进行预热，因为时间太久很容易被用户遗忘。

（2）提前一天预热

提前一天进行预热是为了确保用户知道直播销售的具体时间。因为虽然之前进行了预热，但是我们无法确保用户一定能够记得住直播销售的具体时间，他们很有可能会忘记。为了避免发生这种情况，最好的方法就是在直播的前一天再次进行预热。

同样以上述的某电子品牌的新品发布会为例。该品牌的创始人在12月27日，也就是新品直播发布会的前一天，在自媒体平台连续发布了3条预热文案。

"今晚彩排结束了，期待明天晚上正式发布会。"

"新品发布会，明天见。"

"明天见！"

也许有很多用户并没有看到之前的预热信息或者忘记了，但是在新品发布会的前一天看到这个信息，他们很大可能会提醒自己第二天要观看该品牌的新品发布会。所以，不管之前是否进行过预热，在直播前一天最好至少进行一次预热。

（3）开播前的1~3小时

上述的某电子品牌的创始人在12月28日19:30的直播之前也发布了两条预热文案。

2020年12月28日14:45：友情提醒，××新品发布会今天19:30准点开始。大家说说，你会在哪个平台看直播？

2020年12月28日18:30：发布会马上开始了，还有最后1小时，兴奋。

用户纷纷表示"兴奋，等你""期待""锁定直播间"……

在直播前几小时进行预热能够有效激发用户的兴趣，让他们更加期待即将到来的直播销售活动。

巨量引擎数据显示：一场直播的流量有70%~80%来自直播当天发布的预热宣传。通常来说，直播前的1~3小时预热的效果更好。这个时间段可以触及的流量范围虽然有限，但是对核心用户的吸引力比较大。

所以，一个完整的预热时间周期通常是一周前、直播前一天、直播前1~3小时，这样可以逐步加深用户的印象，吸引他们进入直播间。

6. 预热的渠道：直播预热的四大触点

一些头部主播通常会在各个渠道进行直播预热，目的是通过多个触点汇聚流量，将流量引入直播间，促进商品转化。

所谓的触点就是预热信息能够触达的地方，也就是我们常说的渠道。直播预热主要有线上、社交、线下、商业四大触点，如图6-8所示。

图6-8 直播预热的四大触点

（1）线上：互联网时代的流量聚集地

中国互联网络信息中心（CNNIC）在北京发布的第47次《中国互联网络发展状况统计报告》（以下简称"《报告》"）显示，截至2020年12月，中国网民规模达9.89亿，互联网普及率达70.4%。农村网民规模为3.09亿，农村地区互联网普及率为55.9%。这些数据意味着越来越多的人活跃在线上。所以，企业应重视线上预热渠道，尽可能多地吸引线上用户。

直播预热的线上渠道大体可以分为两类：一是站内预热，二是站外预热。

站内预热是指在直播平台上进行预热。例如，在抖音平台直播，那么预热的时候可以在抖音平台发布预热视频；在小红书直播，可以在小红书发布预热文案或视频。站内预热相对于站外预热来说，能够更加精准地触达用户。因为用户在站内看到预热文案或视频，说明他们平时主要活跃在该平台，在该平台观看直播的概率就比较大。

站外预热是指在直播平台以外的平台进行预热，主要是指一些自媒体平台。例如，在抖音平台进行直播，那么可以在微博、朋友圈、今日头条等平台进行预热。但是要注意的是，有些站外平台的规则是不能提及其他平台，如果提及就会涉嫌违规，预热信息就不会被推送，进而无法成功引流。所以，通过站外平台预热时还应了解平台规则，根据具体规则行事。

"站内预热+站外预热"能够更大限度地吸引线上流量，为直播间导入第一波流量。

(2)社交：私域流量的聚集地

一些线上平台也具有一定的社交属性，但是这里的社交是指个人社交平台，如微信、微信群、QQ群、粉丝群等。这些社交平台的流量我们称之为"私域流量"。私域流量比较难获取，但是其黏性也比较强，能够引入更多有效流量，促进商品转化。

所以，如果企业已经构建了私域流量池，那么可以将预热信息发布到私域流量池进行预热。但要注意的是，不宜过于频繁地在私域流量池发布预热信息，因为这样很容易让私域用户产生抵触心理，甚至可能会导致用户退出私域流量池。通常按照直播预热的时间点发布预热信息即可。

(3)线下：连接线上，形成闭环流量

虽然线上才是流量的聚集地，但是线下流量也不可忽视，尤其是对一些有实体店的企业而言。而且"线上+线下"可以在一定程度上形成闭环流量，能够实现引流的最大化。

互联网时代，网购是很多用户喜欢的购物方式，但是仍然有不少用户喜欢在实体店试用、试穿。这是因为这种体验感是网购无法满足的。对于企业来说，这些流量也可以引入直播间。

例如，某品牌要进行一场线上直播销售活动。那么可以在品牌的各大实体店门口树立一个展示牌，将直播销售的内容呈现在展示牌中，并引导用户关注、锁定直播间。

如果用户是该品牌的忠实粉丝，或者直播销售中有一些能够吸引他的福利，那么他便会进入直播间观看直播。

线下的流量虽然不如线上多,但是预热的宗旨是"一个都不能少",即一个用户都不能错过。

(4)商业:付费为直播间导流

上面提到的3个预热渠道都是免费的,即企业不需要支付任何费用就可以触达的流量。与免费流量相对应的是付费流量,即通过商业渠道,支付一定的费用才可以获得的流量。如果企业的预算允许,那么也可以付费为直播间导流,提升预热信息的用户覆盖率。

常见的商业渠道有3种。

一是平台的付费导流工具。如抖音的"DOU+"。现在很多直播平台都有类似的导流工具,可以帮助企业导入更多的流量。

二是开屏广告。开屏广告是指我们在打开某个应用程序时立即弹出来的广告,企业也可以通过这个渠道发布预热信息。

三是付费广告位。一些自媒体平台会有专门的付费广告位,这也是有效预热的渠道。

以上3种是常见的商业渠道,具体如何付费、如何展示预热消息需要根据具体的平台规则而定。如果企业想通过这种商业渠道进行预热,那么应与平台相关负责人联系,了解付费的相关情况后谨慎选择。

除了以上四大触点,也许还有更多的触点可以帮助企业吸引流量。这就要求企业积极地探索,寻找一切可以为直播间吸引流量的渠道。

第7章 开播热场：
互动暖场，提升直播间人气

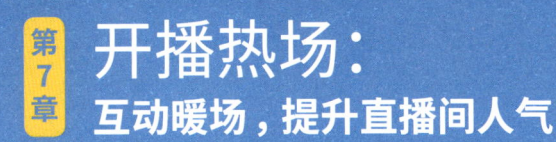

"好的开始是成功的一半"，直播销售开播的时候能否成功热场，提升直播间的人气，决定了直播间能够留住多少用户，进而决定了后期的直播销售能否实现高转化。

1. 开场白：一开口就吸引用户的热场策略

用户进入直播间的前几秒能否被吸引，决定了他们会留下来继续观看直播还是直接离开，进而也决定了商品后期的转化率的高低。所以，在直播销售开始的时候，主播一定要学会热场，尤其要掌握一开口就能吸引用户的热场策略——开场白。

所谓的开场白是指演出或其他活动开场时引入本题的道白，比喻文章、介绍或讲话等开始的部分。一个能够吸引用户的直播销售的开场白必须包含如图7-1所示的两部分内容。

自我介绍，拉近与用户之间的距离

表示欢迎，快速暖场

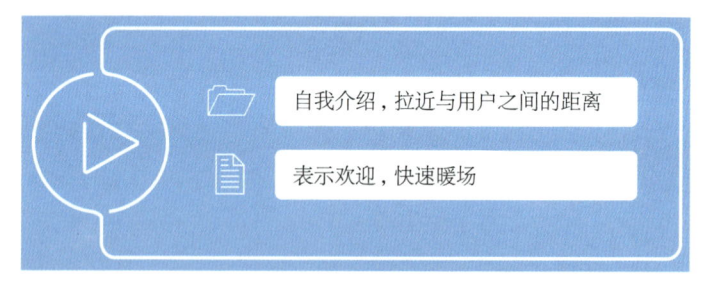

图7-1 开场白包含的内容

（1）自我介绍，拉近与用户之间的距离

自我介绍是开场白的重点部分。主播首先要向用户介绍自己，这不仅可以让用户知道你是谁，拉近与用户之间的距离，也便于打造个人IP。

自我介绍的方式有很多种，可以简单地说"大家好，我是某某"，也可以做一些有趣的设计。一般来说，主播可以根据用户对自己的称呼、自身的特点等设计开场白的自我介绍。

主播的开场自我介绍是"大家好！你们的'魔鬼'×××又来了！"。

因为很多用户会在主播的推荐下忍不住"买买买"，所以给这个主播起了"魔鬼"的称号。于是，这个主播就将这个有趣的称号用作自己直播开场的自我介绍。用户听到这个自我介绍的时候，会觉得非常亲切、有趣。如此一来，就能够有效拉近自己和用户之间的距离，对后续的直播销售有很大的促进作用。这个开场白已经成了其直播间的记忆点，也成了其个人IP。

所以，如果用户给主播起了一些特别的称号，那么不妨用这个称号来做自我介绍，如"只会搞笑没有颜值的某某来了"。

主播还可以根据自身的特点设计一些有趣的、能够形成记忆点的开场自我介绍。

某主播的开场自我介绍是"大家好，我是长相与年龄不符的某某"。这个自我介绍就是该主播根据自身的特点设计的。因为该主播的实际年龄是40岁，但是长相看上去只有20多岁，这也是用户对该主播的一个辨识点。所以，该主播巧妙地将这个特点用在了直播开场的自我介绍中。

所以，主播在设计自我介绍的时候不妨认真观察一下自己，或者回想一下身边的人对自己的评价，然后围绕这些特点设计直播开场的自我介绍。

直播开场白中自我介绍的方式并不是固定的，主播还可以根据自己的兴趣爱好、直播领域等设计，也可以参考一些容易形成记忆点的知名主播的自我介绍设计。总之，无论如何设计，自我介绍一定要有趣且能够形成记忆点，这样才能吸引用户并利于传播。

(2) 表示欢迎，快速暖场

自我介绍结束后，主播应热情地向用户表示欢迎，以快速暖场，同时也可以进一步拉近与用户之间的距离。

"欢迎大家进入直播间，没有关注的可以点个关注。"

"非常欢迎你们，也感谢你们一直守护在我的直播间。"

主播在这个环节一定要表现得落落大方，不要过于拘谨，应把用户当成朋友一样来招呼。否则主播的欢迎就会变得非常生硬，没有吸引力，导致用户想立即退出直播间。

开场白同样没有固定的模式，主播可以根据自己的特点或喜好设计比较有个人特色，能够吸引用户并能够打造个人IP的开场白。

俗话说："好的开始是成功的一半。"这句话非常适用于直播销售。"好的开始"能够为直播间吸引并留住更多的用户，能够为后续的直播销售做好流量铺垫。所以，主播一定要重视开场环节，要掌握一开口就能够吸引用户的热场策略。

2. 音乐热场：活跃直播间的气氛

音乐是一场直播销售中必备的热场策略，也是贯穿整场直播销售的热场策略。具体来说，音乐有以下3个作用。

一是调节直播间的气氛。节奏感较强较快的音乐能够调动用户的热情，让直播间的气氛更加活跃，而舒缓、悠扬的音乐能够让用户更加安神，沉浸在安静、治愈的氛围中。也就是说，无论选择什么风格的歌曲都能在一定程度上调动用户的情绪，调节直播间的气氛。

二是帮助主播缓解压力。主播在直播的时候不仅要熟记脚本的内容并按照脚本的内容展开直播，还要及时回答用户提出的各种问题，甚至还可能要应对一些突发问题。这些事情都会给主播造成一定的压力，尤其对于一些新手主播而言压力更大，进而会导致主播在直播销售的过程中表现拘谨、不自然，影响直播销售的转化率。在直播的过程中，播放一些音乐首先可以缓解主播担心冷场的压力，其次可以缓解主播的紧张情绪，让主播可以更加轻松地应对直播中的各种事情。

三是避免冷场，使直播更加流畅。主播的沟通能力再强大也无法保证每时每分每秒都与用户进行交流，偶尔也需要停下来或是与工作人员沟通或是短暂的停顿。这个时候完全没有声音的直播间会与之前热闹的直播间形成强烈的对比，让用户感到不适。一些用户很可能会在这个时候退出直播间。但是如果这个时候响起一首音乐，那么就算主播停顿片刻也会让直播过程看起来很流畅。所以，直播间的音乐还有一个作用是能够有效避免冷场，使直播更加流畅。

综上可以看出，音乐是一场直播销售活动从开场到结束都必不可少的因素。但是选择音乐也要掌握一定的策略，不是任何音乐都能起到以上的作用。具体来说，企业的直播团队在选择音乐的时候可以参考如图7-2所示的4个策略。

图 7-2　选择音乐的策略

（1）热门歌曲

热门歌曲是指各大平台播放量比较高的歌曲，这类歌曲一般都是用户耳熟能详，能够给用户带来熟悉感、亲切感的歌曲。所以，主播可以选择一些热门歌曲在直播间播放，这也是一个比较保险的选择，容易开启话题。

一些音乐平台或直播平台通常都会有一个热歌排行榜，直播团队可以从热歌榜单上选择一些歌曲在直播间播放。有些直播平台还可以将热门歌曲直接设置成本场直播的歌单，那么直播团队便可以在直播开场的时候就直接设置歌单，这样操作起来更加方便。

（2）视情况选择音乐

在合适的时间播放合适的音乐能够更好地烘托直播间的氛围，所以直播团队应懂得视情况选择合适的音乐。例如，开场的时候可以播放一些节奏感强的音乐,调动用户的热情,提升直播间的人气;与用户聊天的时候可以播放一些节奏慢,比较舒缓的音乐,让用户能够更轻松、自在地与主播交流,发表自己的想法。

那么什么是合适的时间,什么是合适的音乐呢?直播团队可以通过网络引擎搜索一下哪些音乐能够调节气氛,适合在什么场景下播放,然后根据直播中的实际情况选择合适的音乐播放。

(3)伴奏为主,原唱为辅

在直播销售中,音乐的作用是辅助调节直播间的气氛,主要应突出主播表达的内容。如果直播间以原唱为主,很可能会"喧宾夺主",导致用户都去听歌而不听主播的讲解,进而会影响商品的转化率。所以,直播销售中的音乐应以伴奏为主,原唱为辅。在主播讲解的时候可以播放伴奏,在主播停顿的时候则可以播放原唱音乐。

(4)播放用户点播的歌曲

有些用户会主动发评论点播歌曲,那么主播可以播放一些用户点播的歌曲,这样既能调节直播间的气氛,又能加强与用户的互动。当然,不是所有用户点播歌曲都要播放一遍,一是播放时间太长,二是一些用户点播的歌曲可能比较小众,不是大多数用户喜欢的类型。所以,主播可以选择一些用户呼声比较高的歌曲,或热度比较高的歌曲在直播间播放。

如果用户点播的歌曲刚好是主播会唱的,那么主播可以即兴唱几句。主播自己唱歌这种方式更加能吸引用户,活跃直播间的气氛。

除了以上4个选择音乐的策略外,还可以选择一些比较有特色的歌曲在直播间播放，或者可以在一场直播中呈现几种不同风格的歌曲，具体选择什么样的音乐热场需要根据用户的喜好，直播销售的内容、性质等因素而定。这就要求直播团队深入了解用户，了解不同音乐的特点，然后基于此选择合适的热场音乐。

无论选择什么风格的音乐热场，其最终目的都是活跃直播间的气氛，留住用户，促进后期的直播销售转化。所以，选择合适的直播销售的热场音乐跟其他的直播销售技巧一样重要，直播团队应该认真学习并掌握。

3. 聊天互动：每个用户都需要存在感

在信息大爆炸时代，人们越来越在乎自己的存在感。这里的存在感是指被他人看见、尊重并在乎的感觉。直播间的用户也是如此，他们观看直播，购买商品的同时也在直播间寻找存在感。正如某主播所说："很多用户一开始并不是奔着购买商品来的，而是为了进入直播间与主播聊天。"这个"聊天"其实就是寻找存在感的一种体现。如果用户能够通过与主播聊聊天找到存在感，那么他们很大可能会继续留在直播间观看直播，并购买直播间销售的商品。所以，在直播销售开场的时候，主播还应当学会通过聊天互动进行热场，让每个用户都能够在直播间找到存在感，如图7-3所示。

- 留意并欢迎每一个进入直播间的用户
- 寻找有讨论度的热门话题，与用户进行互动
- 及时回答用户提出的问题，实现有效沟通

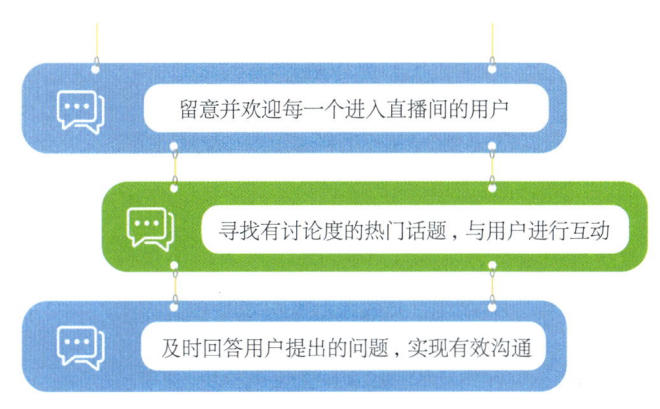

图 7-3　聊天互动的方式

（1）留意并欢迎每一个进入直播间的用户

主播在直播销售开场的时候不仅要对进入直播间的所有用户表示欢迎，还要对每一个进入直播间的用户表示欢迎。这是一个进一步拉近与用户之间距离的机会，更是一个很好的互动机会，有利于增进与用户之间的情感，增强信任感，进而吸引并留住用户。尤其是对一些新主播而言，更是要在直播刚开始的时候，留意每一个进入直播间的用户，并对他们表示欢迎。因为进入新主播直播间的大多是一些新面孔，如果主播不一一打招呼，这些新用户很容易流失。

主播可以直接叫出对方的用户名，然后再寻找话题，展开一些互动。

"欢迎某某进入直播间，这个名字很有趣呢"，然后可以围绕这个名字与用户展开互动，如"为什么会取这个名字呢？""取这个名字有什么寓意吗？"。

"欢迎某某回来，每次直播都能看到你的身影，很感动"，然后可以围绕这个故事展开互动，如"我记得第一次直播的时候才几个人，

某某就是其中一个。现在我直播3年了,某某还在,我太感动了"。

著名人际关系学大师戴尔·卡耐基(Dale Carnegie)曾说:"一个人的姓名是他自己最熟悉、最甜美、最妙不可言的声音,在交际中,最明显、最简单、最重要、最能得到好感的方法就是记住他人的名字。"虽然直播销售中很多用户使用的并非真名而是账号名,但是在互联网时代用户使用账号名的频次很多,甚至比真名多,所以记住他们的账号名跟真名的作用一样,能够拉近距离,增强信任感,进而吸引并留住他们。

这就要求主播在平时要留意每一个用户的账号名,最好能够记住经常出现在直播间的账号名,并在他们进入直播间的时候及时与他们互动。因为这些用户往往是比较忠实的用户,记住他们的账号名并及时与他们互动能够让他们感受到主播的诚意,产生归属感,进而更加能够促进流量转化。但是,这并不是说对新用户不需要理睬,因为老用户都是新用户转化来的,只有与新用户进行互动,吸引新用户,才能为直播间引入更多的忠实用户,提升直播销售的转化率。

(2)寻找有讨论度的热门话题,与用户进行互动

在直播销售开场的时候就与用户进行简单的互动,有利于拉近与用户之间的距离,增强用户的信任,进而吸引用户留下来。所以,主播在直播销售开场的时候应寻找一些有讨论度的热门话题与用户进行互动,或者分享自己近几天遇到的比较有趣的事情。

例如:"我今天去电影院看电影的时候遇到一个小孩在电影院大喊大叫,在座位上跑来跑去。遇到这样的情况,你们会跟家长理论吗?"

这个话题是讨论度比较高的话题，用户很可能会加入一起讨论，发表自己的看法。这个时候主播要认真看每一条评论，并及时与用户交流想法，让用户知道你在认真与他们交流，进而提升他们对你的好感度。

采取这种方式进行开场要求主播平时留意观察一些有趣的事情并记录下来，然后在直播间与用户分享、讨论，从而留住用户，提升直播间的热度。

(3)及时回答用户提出的问题，实现有效沟通

从某种意义上说，直播销售也是一种沟通，沟通有效才能促进商品转化。要实现有效沟通，除了主播要积极地表达外，也需要及时给予用户反馈，如及时回答用户提出的问题。否则，用户会因为自己的问题没有得到回应而退出直播间。相反，当他们的问题被主播看到并被及时回应的时候，他们的存在感就能够得到一定的满足，进而愿意留下来继续观看直播。

当然，主播的时间和精力是有限的，尤其是一些头部主播，无法做到所有问题都及时给出反馈。这种情况下，主播可以挑选一些比较典型的、用户问的比较多的问题进行回答。

例如："某某，我之前在你们家买的洗脸仪要如何清洗？"如果很多用户问过这类问题，那么主播就可以仔细回答一下该用户提出的问题。主播可以说："大家的问题我差不多都看到了，但是直播时间有限，我没有办法在直播间一一回答。不过大家可以加入我的粉丝群反馈问题。"

这样一方面可以提升用户的存在感，另一方面能够有效实现平台之间的引流和私域流量池的构建，而且解决这种问题还利于该商品的下次销售。

聊天其实是直播中常见的也是比较简单的一种互动方式，也是有效预热的一种方式。一旦用户的存在感被满足，他们能够爆发出的购买力将是你无法想象的。

4. 分享主题：留住有精准需求的用户

决定一场直播销售转化率高低的不是进入直播间的用户有多少，而是有精准需求的用户有多少。因为有精准需求，所以购买商品的可能性就比较大。但是，如果一些有精准需求的用户在进入直播间的几分钟内无法获知本场直播销售的主题，那么他们可能很快就会退出直播间。这样一来直播间就会流失一些有精准需求的用户，影响后期直播销售的转化率。所以，在直播开场的时候主播就要分享本场直播销售的主题，以留住有精准需求的用户。

有些主播可能会说："在直播开场的时候我也分享了主题，但是依然有很多用户听完主题后就退出了直播间。"导致这一问题产生的主要原因可能是主播没有掌握分享主题的技巧。

某主播在直播开场的时候与用户分享主题：

"今天这场直播销售的主题是化妆品，你们要是有这方面的需求就一定不能错过这场直播。"

该主播的确是在与用户分享直播销售的主题,但是这种分享主题的方式千篇一律,没有什么特色,很难吸引用户。用户很可能进入上一个主播的直播间时,对方也是这么说的,也在分享化妆品,他没有理由一定要留下来看你的直播。所以,主播要想留住有精准需求的用户还应掌握分享主题的技巧。

通常来说,主播可以采取如图7-4所示的顺序分享直播销售的主题。

点明主题,传递本场直播的核心

点名目标客户,留住有精准需求的用户

预告商品,告诉用户可以购买哪些商品

图7-4 分享主题的顺序

(1)点明主题,传递本场直播的核心

在自我介绍和对直播间的用户表示欢迎后,便可以直接点明主题。主题是主播销售的核心,直播销售的活动会围绕主题展开。当用户明确主题后,他们便能获知这场直播销售的大致内容。

但是点明主题的时候也要讲究一定的技巧,应当使用比较有吸引力的表达方式。

例如,本场直播销售的主题是"护肤品的选择",那么主播可以说:"非常欢迎大家进入直播间,今天想跟大家分享的是昂贵的护肤品并不一定效果好,平价的护肤品也不一定效果差,关键在于选择的护肤品是否适合你。适合你的护肤品才是对的。所以护肤的第一步是知道如何选择正确的护肤品。"

同样是"护肤品"主题,但是该主播选择用疑问句型表达——如何选择正确的护肤品。这句话不但直接点明了本场直播销售的主题,还能够激发用户的求知欲,吸引一些想要了解如何正确选择护肤品的用户观看直播。除此之外,该主播分享主题的时候还传达了一个观念:"贵的护肤品并不一定效果好,平价的护肤品也不一定效果差,关键在于选择的护肤品是否适合你。"这种观念能够进一步吸引那些在昂贵的护肤品和平价的护肤品之间选择困难的用户。如果用户刚好有这方面的需求,那么他们很有可能会继续留在直播间观看直播。

所以,主播在点明主题的时候不能只是简单地将主题阐述一遍,而是要学会变换表达方式,以进一步激发用户的兴趣,吸引并留住他们继续观看直播。

(2)点名目标客户,留住有精准需求的用户

所谓的目标客户是指直播销售提供商品的对象,也就是对直播间销售的商品有精准需求的用户。不同的主题吸引的是不同需求的用户,如果主播能够在点明主题后,再点名目标客户,那么更加能够击中有需求的用户,进而能够留住他们。

例如,直播销售的主题是"如何选择正确的护肤品",主播在点明主题之后可以继续说:"敏感肌、油皮、干皮、喜欢熬夜的人应该如何

选择护肤品？我在接下来的直播中会一一为大家介绍。"

如果用户的肤质刚好是敏感肌或者用户喜欢熬夜，希望从直播中了解应该如何选择适合自己的护肤品，那么很有可能会继续留在直播间观看直播，并且会在后续的直播销售中购买一些主播推荐的商品。

（3）预告商品，告诉用户可以购买哪些商品

真正吸引用户的是通过观看这场直播销售可以购买哪些商品，所以主播在点明主题和点名目标客户后，还应预告商品，告诉用户可以通过本场直播购买哪些商品。

这里并不是说一定要将全场所有的商品都介绍给用户，而是选择几款知名度较高、价值较大或者优惠力度较大的商品介绍给用户即可。

例如，"今天会有××品牌的卫衣，还有××品牌的鞋子……不过这些商品的数量都比较少，只有××件，先抢先得。今天直播间还会有经典款的秒杀价格……另外，今晚还有……"。

该主播在直播开场的时候就向用户介绍了一些知名度较高的品牌商品，而且还告知用户数量不多，有秒杀价格等，给用户带来一种紧张感。

在直播销售开场的时候，主播不要直奔主题推荐商品，而是要先分享主题，且要掌握一定的技巧将主题更好地传达出去，吸引一些有精准需求的用户，为后期的商品转化做好铺垫。

5. 预告福利：用好处留住用户

在第6章第2节我提到预热的内容包含福利，因为福利是吸引用户的关键因素。当用户看到预热的内容中有自己想获得的福利时，他们便会进入直播间观看直播。但是如果他们进入直播间后，主播迟迟没有提及福利的事情，他们很可能认为福利只不过是主播用来引流的噱头，进而可能直接退出直播间。所以为了留住用户，主播在开场预热的环节就要预告本场直播销售的福利，如图7-5所示。

口头预告并展示福利	介绍品牌知名度较高、价值较大的福利商品留一些悬念
告诉用户如何做才能获得这些福利	例如，"前30名下单的用户享受买一赠一的优惠活动"。
告诉用户千万不要离开直播间	例如，"福利多多，惊喜多多，所以大家千万不要离开直播间。只要你继续往下看，这些福利就可能是你的"。

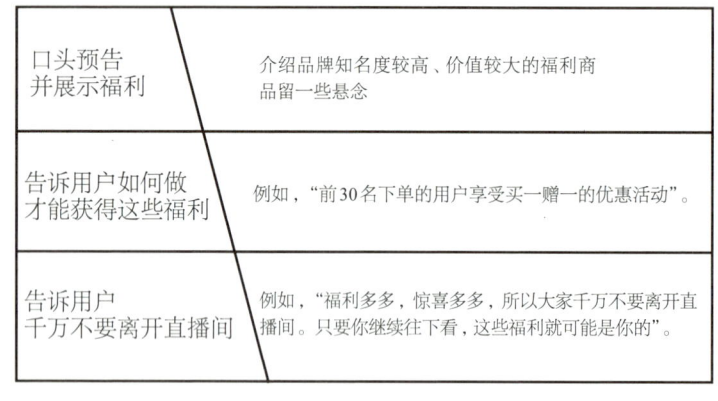

图7-5 预告福利的策略

（1）口头预告并展示福利

主播在开场的时候可以直接说"直播间还为大家准备了很多福利……"。介绍福利的时候不能只简单地将福利罗列出来，也要掌握一定的技巧。

一是介绍品牌知名度较高、价值较大的福利商品。对大多数用户来说，品牌知名度较高、价值较大的福利商品其吸引力也较大。所以，主播在开场前预告福利的时候也要讲究介绍福利的顺序，应先介绍知名度较高、价值较大的福利商品。当然，如果品牌方有要求，那就要先介绍品牌方提供的福利商品。此外，如果主播准备了红包，那么预告的时候也可以直接告知直播间的用户主播在本场直播中将会发出多少金额的红包福利。红包福利也是留住用户的有效方式。

二是留一些悬念。福利商品的作用是为了吸引并留住用户，促进后期的商品转化。如果用户在一开始就知道整场直播的福利商品有哪些，那么他们很可能会去权衡这些福利商品是否值得他们观看整场直播。相反，如果他们只知道一些知名度较高、价值较大的福利商品，后面还有一些福利是他们不知道的，他们很可能会为了一探究竟而继续观看直播。所以，主播在开始预告福利的时候最好不要将所有的福利全部告知用户，只需要告知用户一部分品牌知名度较高、价值较大的福利商品，然后留一些悬念。

例如"……除了这些福利，还有更多福利、更大的惊喜等着大家，如果你们想知道是什么就一起看下去吧"。

除了通过口头预告福利外，主播还应当通过图片或实物向用户展示已经准备好的福利。因为人们常有一种"眼见为实，耳听为虚"的感觉，只有当他们看到图片或实物展示的时候，他们才更加信任主播所说为实，确认自己可以通过观看直播获得这些福利，进而才有可能留在直播间观看直播。所以，主播在进行口头预告福利的时候可以将图片展示在直播的公屏上，或者直接在直播台前展示一些准备好的福利商品。

(2)告诉用户如何做才能获得这些福利

对于一些警惕性比较高的用户而言,如果主播只是口头预告并展示福利商品,而没有明确告诉他们如何做才能获得这些福利,他们也会认为这些福利是主播用来引流的噱头。所以,主播不仅要预告有哪些福利,同时还要明确告知用户如何做才能获得这些福利。

"前30名下单的用户享受买一赠一的优惠活动。"

"购买任意一件商品即可获得由××品牌提供的价值多少元的礼品一份。"

"消费额达多少元即可获得价值多少元的礼品。"

……

获得福利的门槛不宜设置过高,应该让用户通过一些小动作就可以获得,例如"购买任意一件商品即可"。这种让用户比较容易获得的福利才能留住客户。相反,如果获得福利的门槛设置得过高,基本无法获得福利,那么会让用户认为主播在欺骗大家,进而很大可能会直接退出直播间,并且以后再也不会出现在该主播的直播间。

(3)告诉用户千万不要离开直播间

预备福利并明确告知用户如何才能获得这些福利的最终目的是留住用户。所以,在完成了以上两个动作后,主播还应告诉用户千万不要离开直播间。

例如,"福利多多,惊喜多多,所以大家千万不要离开直播间。只要你继续往下看,这些福利就可能是你的。如果你走了,这些礼物就要装进别人的口袋了。"

适当给用户制造一些危机感和紧迫感，可以加强他们留下来的决心。

在这个环节，主播除了应告诉用户千万不要离开直播间，同时还可以引导用户进行分享。

例如，"如果你们希望身边的好朋友、家人或同事也可以获得这些福利，那就把本场直播的链接分享到你们的朋友圈或者微信群里。"

这样做能够达到一个传播加流量裂变的效果，可以为直播间带来更高的人气，更加能促进后续的商品转化。

通常来说，福利会贯穿整个直播销售活动，一方面是为了加深用户对福利的印象，留住用户；另一方面是因为不断有新用户进入，如果不重复预告福利，将很难留住这些用户。所以预告福利这项工作，不只是在直播开场的时候才需要进行，而是要在整场直播销售中重复进行，通常可以5~10分钟重复提醒一次。后续的福利预告无须与第一次福利预告一样那么详细，只要简单地传达还有哪些福利，如何获得即可。

所以，主播为了吸引并留住用户，一定要在开场的时候就预告福利。

6. 积攒人气：引导用户点赞、转发、关注

直播销售开场的重点工作是吸引更多用户进入直播间并将他们留下来，为直播间积攒人气。直播间的人气越高，越能吸引更多的用户

点击进入直播间。而且人气高的直播间有很大可能被直播平台推进首页，获得更多的流量扶持，进而能吸引更多用户点击观看。所以，在直播销售开场的环节，主播还应重点关注如何积攒人气。

直播间积攒人气常用的方式是引导用户点赞、转发和关注，如图7-6所示。

引导点赞，加速提升人气

引导转发，促进流量裂变

引导关注，沉淀私域流量

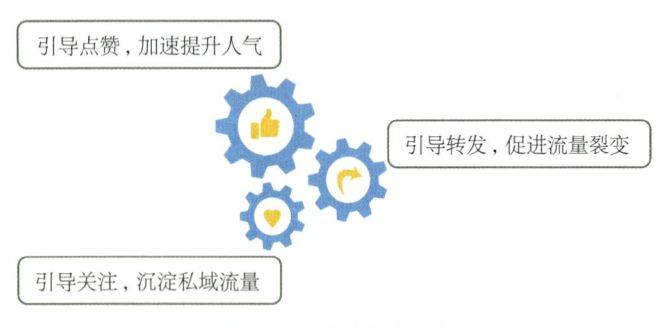

图7-6 积攒人气的方式

（1）引导点赞，加速提升人气

很多主播在直播的时候会不断地强调：进入直播间的朋友，麻烦帮忙点个"小红心"。点"小红心"也就是我们说的点赞。但是点赞这个动作本身并不能帮助主播获得利益，所以一些新手主播不太关注点赞的数量，也很少引导用户点赞。但是，一些资深主播会积极地引导用户点赞，为什么呢？具体有以下两个原因。

一是点赞数量越高表示直播间的人气越高。很多直播平台衡量一个直播间的人气高与否，不仅看在线观看人数，还会看直播间的点赞数量。因为点赞数量体现了活跃的人数，活跃的人数才是真正意义上的人气。

二是提升直播榜单上的排名。大多数直播平台都会有一个直播实时榜单,直播间的点赞数量越高,在榜单上的排名越靠前,越能够吸引更多的用户进入直播间观看直播。

以上两点总结来说就是点赞的数量可以加速提升直播间的人气,人气提升了才能促进后续的商品转化。简单地说,提升人气就是在帮助主播获利。因此,主播在直播销售开场的时候应当学会引导用户点赞。

引导用户点赞其实比较简单,可以在用户进入直播间或与用户互动的时候说"麻烦刚进入直播间的朋友帮忙点个赞""大家动手点个赞"。当然,为了进一步提升用户点赞的热情,主播还可以为此准备一些福利,如"新进来的粉丝点个赞,每10万点赞数有抽奖活动"。这样更加能激发用户点赞的热情,加速提升直播间的人气。

(2)引导转发,促进流量裂变

在本章的第5节"预告福利"的内容中我提到,主播在预告福利的同时可以引导用户进行转发分享,将直播销售的链接转发到朋友圈或微信群。这种方法能够有效促进流量裂变,帮助直播间提升人气。

引导转发的时候可以直接用直播销售中的福利引导。

如"直播间为大家准备了很多福利,大家可以将直播的链接分享给身边的朋友、家人,让他们与你一起共享这些福利"。

为了增强用户转发的主动性和积极性,也可以策划一些小活动。

例如,"将本场直播的链接转发到朋友圈,点赞数达到30的用户截图联系小助理,即可获得价值××元的礼品一份"。

这种赠送小礼品的方式也能够有效促进用户转发，加速提升直播间的人气。

（3）引导关注，沉淀私域流量

进入直播间的用户有一部分是"误打误撞"进来的，这些用户很容易流失。要想留住这些用户，就要想办法将他们从普通的用户转变为粉丝，即要引导他们关注主播。

例如，"刚进来的用户点一点关注"。"关注主播，不迷路"。

还可以引导用户加入自己的粉丝团。"粉丝团"的标志一般会出现在主播的头上方，可以引导用户点击关注，如"点一点，加入粉丝团"。这样可以有效沉淀私域流量，为下次直播销售做好流量铺垫。

此外也可以通过关注截图的方式赠送礼品或抽奖的方式进行引导，如"新关注我的用户截图联系小助理，即可获得××礼品一份。""××点我们有限量秒杀活动（重复福利活动），但是仅限关注主播和加粉丝团的用户参与，还没有点关注的用户上方点个关注，加入我的粉丝团。"

引导用户关注同样需要重复进行，因为不断会有新用户进入直播间，主播不能错过任何一个引导用户关注账号的机会。通常5~10分钟重复一次，甚至可以将时间缩得更短，具体要根据实际的直播销售情况而定。

将点赞、转发和关注这几个动作分开介绍是为了让主播进一步了解每一个动作的作用及具体策略，实际上点赞、转发、关注这3个动作可以一起进行，也就是一些主播常说的"一键三连"。当然具体要在什么时间采取什么样的策略引导用户做什么动作要根据实际情况而定。

7. 发红包或抽奖：调动用户的积极性

如果在开场的时候实在不知道如何热场，那么不妨使用比较直接有效的热场策略——发红包或抽奖。

在直播销售开场的时候发红包或抽奖是主播们快速聚集人气，提高用户在直播间驻留时长的有效方法。发红包或抽奖本身带有一定的"免费"或者"优惠"的性质，用户只要动动手指点一点屏幕就能获得红包或参与抽奖，因此非常具有吸引力。

无论是哪一场，以什么为主题的直播，某主播在直播开场的时候做的第一件事就是抽奖，她会非常热情地跟用户说："废话不多说，我们先来抽一波奖。"奖品一般都是知名度较高、价值较大的商品。这种直接又大气的开场方式很容易增加用户的信任感，而且还能提升用户的参与感，进而更加容易留住用户。

所以，为了更加有效地调动用户的积极性，主播不妨采取较直接的热场策略——一开场就给用户发红包或抽奖。但是发红包和抽奖也要讲究一定的策略，否则用户会在获得红包或奖品之后就会离开直播间。如图7-7所示。

开场的红包金额和奖品不宜过大	容易导致用户产生心理落差 降低用户的期望 增加直播的成本
采取有趣的方式发红包或抽奖	通过小游戏发红包 通过评论互动抽奖

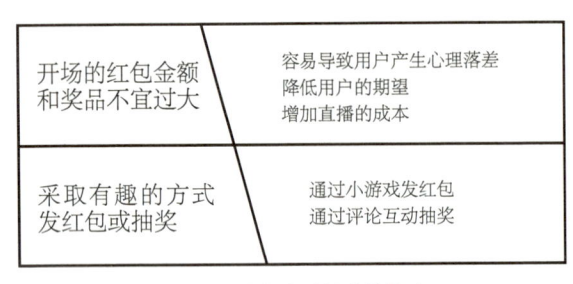

图 7-7 发红包或抽奖的策略

（1）开场的红包金额和奖品不宜过大

虽然说红包越多金额越大，奖品价值越高越能吸引用户，但是开场的时候并不建议主播给用户发出金额非常大的红包或价值非常高的奖品。主要原因有以下3点。

一是容易导致用户产生心理落差。开场的红包金额过大或奖品价值过高，容易导致用户在观看直播销售后面的内容时产生心理落差。在本章第5节"预告福利"的内容中我提到预告福利这件事要贯穿全场，如果一开始就将金额非常大的红包或价值非常高的奖品赠予用户，而后期只是发一些金额较小的红包或价值不高的奖品，那么很容易让用户形成心理落差。在这种情况下，很多用户会选择中途离开直播间。

二是降低用户的期望。一开始的红包金额非常大或奖品价值非常高很容易降低用户对直播内容的期待。尤其对于一些购买欲望不是很强烈的用户来说，他们很可能在获得一些红包或礼品后就离开直播间。

三是增加直播的成本。对于绝大多数企业和主播来说，发大额红包或赠送价值过高的奖品会大幅增加直播的成本，如果销售转化的效果不太好，有可能出现得不偿失的情况。所以如果是中小企业或者新手主播，不建议发金额非常大的红包或赠送价值非常高的奖品。

所以，直播开场时发红包的数额不宜过大，奖品价值不宜过高，具体要发多少红包或赠送多大价值的奖品应根据直播间的人数或主播、企业的实际情况而定。

(2)采取有趣的方式发红包或抽奖

直接在直播间发红包或抽奖能够调动用户的积极性，但是如果主播想在此基础上进一步调动用户的积极性，那么就应当采取有趣的方式给用户发红包或抽奖。

一是通过小游戏发红包。例如，主播可以准备几个脑筋急转弯的小游戏，让用户将自己的答案发到评论区，然后随机点名给出正确的答案的用户并给他们发红包。

二是通过评论互动抽奖。直播销售刚开场的时候，主播可以聊一些关于直播销售主题的话题。例如，直播销售的主题是"化妆品"，那么主播可以问用户："你们平时会用隔离霜吗？你们觉得用与不用的差别在哪？大家可以把自己的想法发出来看看。我会截图一些评论，然后赠送奖品。"

截图的时候，主播可以用倒数的方式提升用户的参与感和紧张感。

例如，"现在开始数123，你们赶紧发弹幕，我马上就开始截图咯。1——2——"声音可以稍微拖得长一些，让更多的用户参与进来。

这种抽奖的方式比较有趣，参与方式也非常简单，能够吸引更多的用户参与，进而更大程度上调用户的积极性。主播可以摸索、发现一些更加有趣的方式。

发红包或抽奖环节也应重复进行，以不断吸引并留住进入直播间的用户。在直播开场发完红包或抽奖结束后，主播就可以跟直播间的用户说："直播间每隔半小时就会发一次红包或进行抽奖活动，后面还有更多惊喜等待大家……"这种方式是本章第5节提到的"用好处留住用户"，同时也有利于持续调动用户的积极性。

发红包或抽奖是比较直接且有效的能够调动用户的积极性的热场策略。无论是在直播间发红包还是抽奖，主播的任何动作都必须对直播间的流量提升以及商品转化有价值，起到促进作用。否则这些行为只会徒劳无功，甚至增加直播销售的成本，导致直播销售失败。

第8章 商品推介：
七步展示法，为出货转化蓄势

商品推介环节是直播销售的重头戏。因此，主播应掌握商品推介的方法，并在这个环节释放能量，为商品转化蓄势。

1. 第一步：介绍商品的基础信息

商品推介的最终目的是促进用户购买，影响用户购买决策的因素主要有3个，分别是需求存在、解决意愿和商品的基础信息。

需求存在是指用户存在某方面的需求，如"皮肤比较干燥，需要具有保湿功效的护肤品"。

解决意愿是指用户有解决问题的意愿，如"想购买一套具有保湿功效的护肤品"。

商品信息就是商品的成分、功效等。

只有当用户的需求存在，具备解决意愿且对商品信息有一定了解这3个条件都成立时用户才会进行购买行为。

需求属于用户的内心状态，解决意愿也由用户的主观意识决定，这两点在购买行为中都属于主观因素。只有商品信息是客观存在的，不受主观因素影响。但是主观意识的形成都受外部环境的影响，商品信息能够影响用户对需求的认知，同时也能影响用户的解决意愿。所以，商品的基本信息是促进用户进行购买行为的关键因素。

在第5章第8节中我们提到要撰写单品脚本，单品脚本通常会包含商品的一些基本信息。在商品推介环节主播就可以准备好单品脚

第8章 商品推介：七步展示法，为出货转化蓄势

本，并按照单品脚本的内容向用户介绍商品的基本信息。但是单品脚本上呈现的商品的基本信息通常不会特别详细，只是为了给主播提供一个方向。主播要想在直播销售中更加详细、专业地向用户介绍商品的基本信息还应做更多的功课。

（1）了解并熟知商品的基础信息

商品的基本信息通常包括商品的成分、材质、包装设计等，这些信息一般会呈现在商品的使用说明书上。主播可以通过阅读商品的使用说明书了解并熟知商品的基本信息，以便更加详细、专业地向用户介绍商品的基础信息。

这里并非让主播一字不落地背诵每一款商品的使用说明书，这是一件很难做到的事情。主播只需要记住商品的基础信息中的核心信息或者用户通常会关心的信息即可。

例如，用户是敏感性皮肤，对很多化学成分过敏，那么主播在推介商品的时候就必须将商品的成分详细地告知用户。

此外，品牌也是商品的基础信息之一，是能够吸引用户并促进用户购买的关键因素。因此，如果主播推介的是一些知名度较高的品牌的商品，那么可以在介绍商品的基础信息的时候重点介绍品牌以及品牌背后的故事。如果主播推介的是知名度不是很高的新品牌的商品，那么可以分享一下品牌创始人创业的故事，这样也能够吸引一些用户。

品牌以及品牌故事能够赋予商品一定的价值，可以提升商品的感染力和传播力，所以适当地介绍品牌以及品牌背后的故事，更加能吸

引用户，促进用户购买。

（2）详细并专业地介绍商品的基础信息

详细并专业地介绍商品的基础信息并非机械式地将商品的基本信息传递给用户，这样可能会导致用户没有兴趣继续听下去，甚至会因为主播不够专业而选择直接退出直播间。所以，详细并专业地介绍商品的基础信息也要掌握一定的技巧，以确保将商品的基础信息有效地传递给用户，如图8-1所示。

语速要适中，表达要流利

一边展示商品一边介绍商品的基础信息

展示一些商品举证信息

图 8-1 详细并专业地介绍商品的基础信息

一是语速要适中，表达要流利。在介绍商品的基本信息时，主播的语速不宜过快，语速过快容易导致用户听不清楚，但也不宜过慢，语速过慢会影响用户的听觉体验。所以，主播的语速要适中。此外，表达一定要流利，不能吞吞吐吐，不能过多使用"嗯""啊"等语气词，否则也会影响传递信息的效果。

二是一边展示商品一边介绍商品的基础信息。在介绍商品的基础信息时，主播应当一边展示商品，一边介绍商品的基础信息。这样能够让商品呈现一种立体感，更加能够吸引用户，说服用户。

三是展示一些商品举证信息。为了进一步加强用户对商品的信任感，在介绍商品的基础信息后，还可以展示一些商品举证信息。例如，商品的好评率、当月的销售量等。数据一定要真实，最好有截图证明。

总的来说，商品的基础信息介绍得越详细、越专业越能吸引用户，说服用户，促进用户购买。所以主播要想提升商品的转化率，就应当了解并熟知商品的基础信息，并能够详细并专业地向用户介绍商品的基础信息。

2. 第二步：介绍商品购买的方法

用户在了解商品的基础信息后，很有可能就会产生购买的意愿，并且会实施购买行为。但是直播间的购物模式与商场的购物模式不同，也与常规的网络购物的模式有所不同。一些没有在直播间购买过商品的用户很可能不知道要如何才能购买到主播推介的商品。这个时候，有些用户可能会通过评论询问主播如何购买商品，有些不喜欢交流的用户则可能选择放弃购买商品。为了防止出现用户因不知道如何购买商品而选择放弃购买商品的情况，主播在介绍完商品的基础信息后的下一个动作应当是介绍购买商品的方法，促进用户顺利地完成购买行为。

主播可以按照如图8-2所示的几个步骤告知用户如何购买自己心仪的商品。

```
          点击"购物车"
               │
               ▼
"去抢购" → 点击链接，进一步 ← 加入"购物车"
          了解商品的信息
               │
               ▼
            确认购买
               │
               ▼
            提交订单
               │
               ▼
            完成支付
```

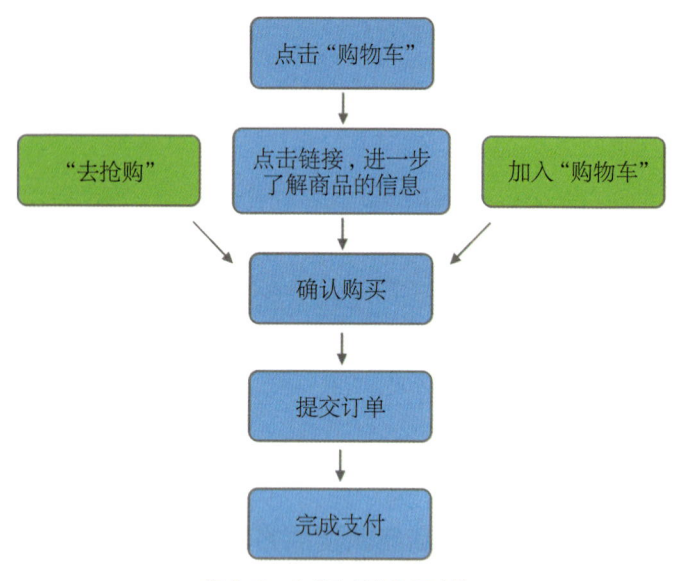

图8-2　介绍商品的购买方法

（1）点击"购物车"或"购物袋"

通常，直播平台的直播间下方的工具栏中都会有一个"购物车"或"购物袋"的标识，点击"购物车"或"购物袋"的标识就能看到主播在直播间介绍的商品链接。

例如，某直播间的下方工具栏中有一个黄色的购物袋的标识，用户只要点击"购物袋"，就能看到主播介绍的商品，如图8-3所示。

图 8-3 直播间下方工具栏中的橙色"购物袋"标识

（2）点击购买

"购买"的形式主要有3种。

一是直接"去抢购"或"去购买"。点击"购物车"或"购物袋"后就能跳转到直播销售中的商品的链接界面。用户可以在这个界面上找到自己心仪的商品。商品一般会标上序号。为了方便用户寻找到自己心仪的商品，主播可以在介绍商品的时候说："我身上这件衣服是1号链接，你们喜欢的可以直接点击'购物袋'去拍1号链接。"如

图8-4所示。

图8-4 商品信息栏的"去购买"按钮

商品栏会显示商品的名称、价格以及"去抢购"或"去购买"的按钮。如果用户已经通过主播的介绍详细了解了商品的相关信息并确定了最终购买意向，那么用户可以直接点击"去抢购"或"去购买"的按钮购买商品。

二是进一步了解商品的信息。如果用户想进一步了解商品的信息，那么可以点击链接中商品的图片或商品名称。点击后，商品的详细信息就会展现出来，如图8-5所示。

第8章　商品推介：七步展示法，为出货转化蓄势

图 8-5　商品的详细信息

用户了解了商品的详细信息并产生购买意向后，可以点击"立即购买"继续购买行为。

三是"加入购物车"。如果用户想购买的商品比较多，那么可以将商品"加入购物车"，最后一起购买、结算。商品链接中有一个"购物车"的标识，商品的详细信息下方也有"加入购物车"的按钮，如图 8-5 所示，点击便可以将商品加入购物车。

如果商品有不同的规格，如不同的颜色、尺码，那么无论选择哪一种购买形式系统都会弹出一个选择商品规格的界面，如图 8-6 所示。

图 8-6 选择商品规格

用户应根据自己的需求选择商品规格，如"1号"，然后才能继续下一个购买动作。

（3）确认商品信息

选择好商品的规格后点击"立即购买"，系统会弹出一个"确认购买"的界面。这个时候用户需要仔细核对并确认商品的信息以及价格，确认无误后就可以点击"提交订单"。

如果是新用户，提交订单后还会弹出一个"新建收货地址"的界面，用户需要填入自己的收货地址，如图8-7所示。

图 8-7 新建收货地址

如果是常用的收货地址还可以设置为默认地址，下次购买的时候系统便会直接默认收货地址为该地址。不是常用的地址也可以保存下来，下次如果收货地址是同样的地址便不用再新建，只需直接选择。

（4）完成最后的支付

收货信息填写完成后继续"提交订单"，这个时候系统会跳出"支付"的界面。

用户可以根据自己的习惯选择支付方式,并完成支付。支付成功后系统会显示支付成功。这个时候购买行为就顺利地完成了,用户只需安心在家等待收货。

当然,以上几个环节并非要一一详细地介绍,因为大多数用户知道如何购买,只是小部分用户不知道如何购买。而且小部分用户主要是因为找不到购买入口而不知道如何购买,后面的流程基本也都会操作。所以,主播应重点强调的是直播间的购买入口在哪儿,如"点击下方小黄车就可以购买"。如果用户在购买的过程中遇到其他问题,则可以通过互动告知用户如何继续下一个购买动作。

从上面的购买商品的流程可以看出,在直播间购买商品并不是一件复杂的事情,与一般的网络购物的流程基本相同。但是的确有一些新用户不知道如何购买商品,所以,为了不错过任何一个用户,介绍商品的购买方法这个步骤也必不可少。

3. 第三步:介绍商品适用人群

生活中常常会出现这样的场景。

顾客走进一家服装店,拿起一件心仪的衣服去试衣间试穿,然后走到试衣镜前上下左右打量,犹豫要不要买。这个时候顾客可能会问销售员:"这件衣服适合我吗?我个头比较矮,这种中长款的大衣会不会显得个头更矮?我在犹豫要不要买,担心我买了以后可能不会穿。"

聪明的销售员会走上前说:"我们店里的这种中长款大衣其实就是为身材娇小的女生设计的,可以很好地修饰身材比例。"在听到销售员这么说的时候顾客做出购买决策的概率就会大大提升。

场景中顾客遇到的问题是人们在购物时通常会遇到的问题。这些问题的核心其实就是"商品是否适合我"。

"商品是否适合我"这句话用专业的术语表达就是"商品适用人群"。当用户确定某款商品非常适合自己的时候,他们更加容易做出购买决策。相反,当用户不能确定某款商品是否适合自己时,他们就会犹豫不决。这种犹豫不决很可能导致他们放弃够买这款商品。在直播销售中也是如此,如果主播在介绍商品的时候明确介绍了商品适用人群,用户对标之后确定该商品适合自己,那么便会加速做出购买决策。

例如,某主播在介绍一款面膜时说:"直播间的女生们,冬季皮肤干燥,需要为面部加强补水的女生,我手上这款补水保湿面膜就非常适合你。"

"需要为面部加强补水的女生"就是在介绍商品适用人群,那些觉得面部皮肤干燥需要补水的女生,一定会立即对这款面膜产生兴趣,也很有可能会直接购买。

介绍商品适用人群其实就是进一步锁定目标用户,能够有效激发用户的需求和购买欲望,所以,主播在推介商品的时候一定要介绍商品适用人群,如图8-8所示。

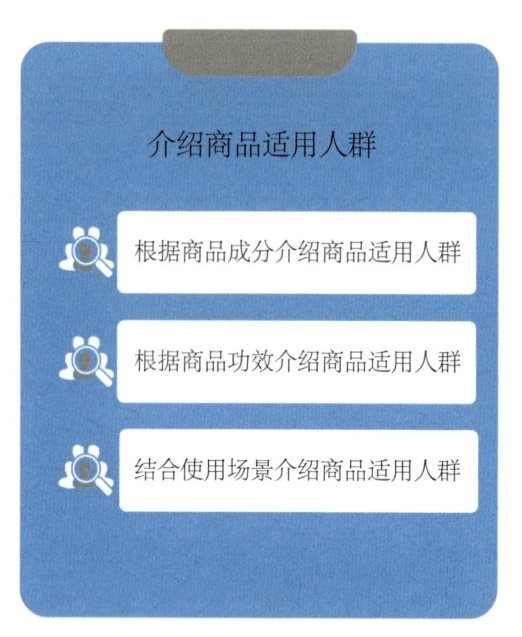

介绍商品适用人群

- 根据商品成分介绍商品适用人群
- 根据商品功效介绍商品适用人群
- 结合使用场景介绍商品适用人群

图 8-8 介绍商品适用人群

（1）根据商品成分介绍商品适用人群

直播间的大多数商品的成分都是常规成分，适用于大多数用户。但是也有些商品含有特定的成分，这些特定的成分可能会给特定的人群带来价值，也可能会带来危害。所以，为了突出商品带来的价值或规避商品带来的危害，主播还可以根据商品成分介绍商品适用人群。

一是根据商品使用说明书介绍商品适用人群。例如，"我们这款洗发水的主要成分为5%米诺地尔溶液，对于防脱生发有明显的效果，有脱发烦恼的朋友一定要购买。"

二是提醒用户关注是否对某些成分过敏。含有特定成分或容易导致用户过敏的这类商品的使用说明书中通常会注明商品适用人群,例如"这款洗面奶含有单一水基果酸,可以有效祛除角质,起到很好的清洁作用,但妊娠期、哺乳期的女士禁用。"除此之外,主播还要提醒用户商品含有容易引发过敏的成分,过敏体质的人尽量不要使用。

(2)根据商品功效介绍商品适用人群

不同功效的商品其适用人群也不同。

例如,某款面膜是专门针对男性皮肤的特点设计的,那么适用人群就是男性。主播在介绍这款商品的时候可以说:"注意咯,男士们。这款面膜是专门针对男性皮肤的特点设计的,保湿、补水效果非常好,而且能够有效收缩毛孔。皮肤容易干燥的男士们赶紧行动起来。"

以上就是根据商品的功效介绍商品适用人群,能够精准锁定有需求的用户。

(3)结合使用场景介绍商品适用人群

主播还可以结合商品的使用场景介绍商品适用人群,这样更加容易激发用户的购买欲望。

例如,某主播在直播间推荐一款商务休闲皮鞋:"如果你上班通勤的时间比较长,那么这款商务休闲皮鞋就非常适合你。这双鞋上脚舒服,走路不累,可以帮你轻松挤地铁。"

这种方式就是结合商品的使用场景介绍商品适用人群。当用户明确自己是适用人群且知道可以在什么样的场景使用该商品时,他们更加容易做出购买决策。所以,主播在介绍商品适用人群时不妨结合商品的使用场景介绍。

实际上，用户在直播间购买商品并不一定只为自己买，也可能会买来送给朋友。也就是说，当他们知道一款商品的适用人群时，即便自己不属于这类商品的适用人群，他们也有可能会想到身边的人，会为他们购买。所以，介绍商品适用人群是一个非常有效的促进商品转化的策略，主播不可忽视这一点。

4. 第四步：介绍商品可以解决用户什么问题

能够满足用户需求的商品才能够激发用户的购买欲望，促使用户做出购买行为，而能够满足用户需求的商品往往是能够解决用户某个问题或某些问题的商品。例如，用户皮肤干燥，出现了严重掉皮的情况，保湿、补水类的护肤品能够解决用户存在的问题，激发他的购买欲望。所以，为了激发用户的购买欲望，提升商品转化率，主播在介绍商品的时候应强调该商品可以解决用户什么问题。

介绍商品可以解决用户什么问题的时候应掌握一定的技巧，否则很容易让用户认为你在"王婆卖瓜——自卖自夸"，进而可能会选择退出直播间。

以防晒商品为例，主播可以按照如图8-9所示的3个步骤展开介绍商品可以解决用户什么问题。

```
01  针对商品的用途或特点提出问题
02  结合商品放大问题
03  介绍商品可以解决用户什么问题
```

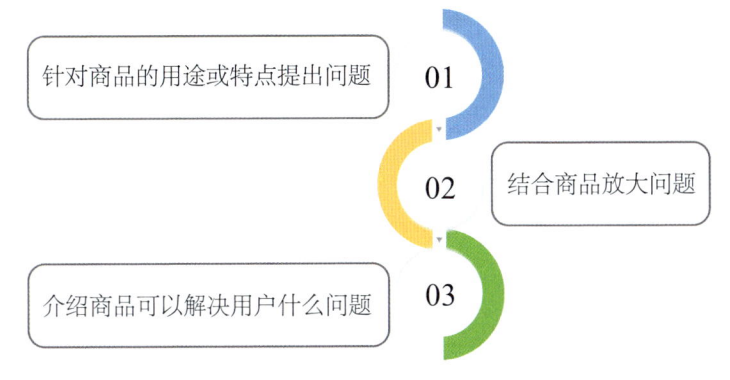

图 8-9　介绍商品可以解决用户什么问题的步骤

（1）针对商品的用途或特点提出问题

向用户提出问题比直接向用户陈述商品能够解决用户什么问题更加有冲击力和吸引力。所以，主播首先可以针对商品的用途或特点向用户提出问题。

例如，"夏季紫外线非常强烈，是不是有很多人容易晒黑或晒伤？如果有这种情况的朋友请在弹幕中发1。"

这个时候的确存在这些问题的用户会在弹幕上回答主播的问题，与主播进行互动。通过这种提问的方式不仅能够收集用户的问题，还能够有效提升直播间的人气。

（2）结合商品放大问题

只有当用户认识到问题的严重性时他们才会积极地寻找解决问题的方法，而要让用户认识到问题的严重性就要懂得放大问题。但是不能盲目地放大问题，这样容易给用户造成威胁的感觉，而应当结合商品恰当地放大问题。

例如,"俗话说:'一白遮三丑。'如果皮肤被晒黑晒伤,后期涂抹再贵的精华、面霜都很难挽回当初的健康皮肤"。

"后期涂抹再贵的精华、面霜都很难挽回当初的健康皮肤",这种表达就是结合商品适当地放大了问题,让用户认识到问题的严重性,同时也不会让用户感觉不舒服。当用户认识到问题的重要性时,下一步他们自然会思考"如何才能解决这个问题"或"如何才能有效避免这个问题"。

(3)介绍商品可以解决用户什么问题

当用户已经认识到问题的严重性时,有些用户就会主动在互动区询问:

"如何才能防晒?"

"应该选择什么样的防晒商品?"

"有没有效果比较好的防晒商品推荐?"

……

这个时候主播就可以顺理成章地介绍商品可以解决用户什么问题。

例如,"防晒的方式和防晒商品有很多,今天我要为大家推荐的一款防晒商品是……这款防晒商品不仅可以有效阻隔紫外线,还有保湿的功效,可以有效防止脱妆。"

"有效阻止紫外线""保湿""防止脱妆"都是商品可以帮助用户解决的问题。当用户明确这款防晒商品可以帮助他们解决这些问题的时候,他们的购买欲望就会被激发。

介绍商品可以帮助用户解决什么问题的时候可以围绕商品的特

点、功效、性能等展开介绍，如"专为易敏感的脆弱肌肤而生""不易给肌肤带来额外负担"等。介绍的问题越详细越能够激发用户的购买欲望。这就要求主播在深入了解商品的基础上，明确商品可以解决哪类用户的哪些问题，然后在直播间将这些问题详细地介绍给用户。

除了通过在直播间现场提出问题，即时收集用户的问题，直播团队还可以通过平时的互动记录收集用户存在的问题，然后可以结合这些问题进行选品。这样一来选择的商品就能够直接帮助用户解决他们存在的一些问题。

主播在介绍商品的时候可以直接说："我收集了一些平时你们比较关心的问题，如某某问题……然后选择的这款商品刚好能够解决你们存在的一些问题。"这样做既能帮助用户解决问题，还能表明对用户的重视，拉近关系，更加能够激发他们的购买欲望。

按照以上3个步骤介绍商品可以解决用户什么问题更加能够满足用户的需求，激发用户的购买欲望。当然，主播也可以采取一些更加新颖、有趣的形式向用户介绍商品可以解决用户什么问题，最终目的是能够更大程度地激发用户的购买欲望，达成最后的交易。

5. 第五步：介绍商品的使用方法和效果展示

在推介商品的过程中向用户介绍商品的使用方法和效果展示是非常重要的，因为这样能够更加立体、形象地向用户展示商品，提升用户的视觉体验,激发用户的购买欲望。所以,即便是生活中最常见的商品,主播也应当认真、仔细地向用户介绍商品的使用方法并展示效果。

介绍商品的使用方法和效果展示这两个动作实际上是一个连贯的动作,即介绍完商品的使用方法后就可以进行效果展示,如表8-1所示。

表8-1 介绍商品的使用方法和效果展示

介绍商品的使用方法	按照商品使用说明书介绍商品的使用方法亲自示范商品的使用方法
展示商品的使用效果	突出展示重点功能 使用有趣的方式展示 营造良好的氛围 动作要干净、利落、规范、安全

(1)介绍商品的使用方法

主播可以从两个层面介绍商品的使用方法:一是按照商品使用说明书,介绍商品的使用方法;二是亲自示范商品的使用方法。

大多数商品都会配置商品使用说明书,商品使用说明书中一般会介绍商品的使用方法,如图8-10所示。

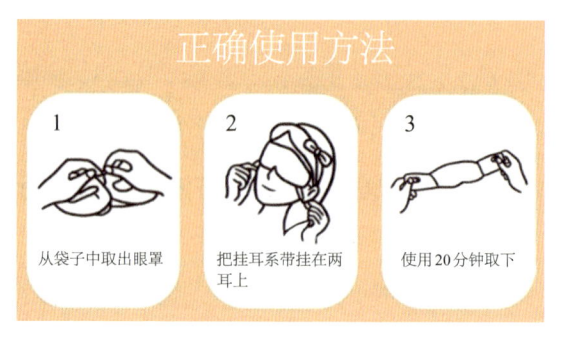

图8-10 某款蒸汽眼罩的使用说明书中介绍的蒸汽眼罩的使用方法

对于使用方法较为简单、易懂的日常用品，通过使用说明书简单地介绍就可以让用户掌握商品的使用方法。但是一些使用方法较为复杂的商品，如果只是简单地陈述商品使用说明书中的商品使用方法，可能不易让用户掌握。这个时候用户可能会存在疑问"买回来不知道怎么用岂不是浪费了？"，进而可能会打消购买该商品的念头。所以，对于一些功能较多，使用方法较为复杂的商品，主播还应亲自示范商品的使用方法。

例如，主播介绍的商品是一款破壁机，其功能较多，那么主播就应该在直播间展示如何使用破壁机，并告知用户使用该商品时的一些注意事项。

主播在亲自示范破壁机的使用方法时可以一边操作一边详细地讲解，例如"首先我们拿到新商品的时候要用温水将内胆清洗干净，最好可以放一点白醋……"此外，主播在介绍使用方法的时候还应多使用一些方位词，如"左上角是什么功能，应该如何操作；正面是什么……"示范越仔细、讲解越详细越利于用户掌握商品的使用方法。主播亲自示范商品的使用方法还能够增强用户对主播和商品的信任感，进而能够进一步激发用户的购买欲望。

所以，在介绍一些功能较多，操作较复杂一些的商品时，主播应当采取亲自示范的方式介绍商品的使用方法。

(2)展示商品的使用效果

向用户展示商品的使用效果能够让用户更加直观地看到商品能够带给他的利益，激发用户的购买欲望。但是展示商品的使用效果时应掌握一定的技巧，不能突出特点的、生硬的展示很容易导致商品的效果失去说服力。

一是突出展示重点功能。展示商品的使用效果时一定要重点突出商品能够吸引用户的卖点和优势，对于那些用户不是很关心的功能，则可以轻描淡写。

例如，展示的商品是一款补水面霜。主播可以在手背擦拭面霜，然后让用户看到滋润的皮肤，展示面霜的补水效果。

此外，也可以使用一些商品举证，如专利证书、用户好评等。

二是使用有趣的方式展示。好玩、新颖的东西总是能够吸引用户的注意力，所以主播在展示商品的使用效果时可以采取有趣的形式展示。

例如，某主播在介绍一款剃须刀时借助一颗桃子展示，将桃子表面毛茸茸的细毛剃干净，又不伤到桃子的"皮肤"。

这种展示方式不但趣味性非常强，还能突出商品的效果，对用户有很强的吸引力。

三是营造良好的氛围。一个能够吸引用户的效果展示不是主播一个人的自言自语，而是要让用户也参与其中。因此，主播在展示的时候应考虑邀请用户参与，如"你们还想看到我为你们展示该款商品的哪些功能、效果……"这样既能够实现良好的现场互动，也能增强用户对商品的信任，进而激发用户的购买欲望。

四是动作要干净、利落、规范、安全。主播在直播现场向用户展示商品效果时，一定要事先设计好展示效果的脚本和演示的动作，将展示效果这个步骤流程化、标准化。对于在演示过程中可能会出现的意外情况或问题要格外谨慎，并要明确如何防范和处理意外情况的发生。否则，很容易出现现场"翻车"的情况，导致直播销售无法顺利地进行，或严重影响直播销售的效果。

尽管在直播现场展示商品效果的作用很明显，但并非所有商品都适合在现场展示效果。通常来说，适合在现场进行效果展示的商品具有以下两个特点。

一是效果明显，即在直播现场能够非常明显地将商品的效果展示出来，能够让用户清晰地看到商品的优势。例如，某品牌推出的剃须刀具有防水功能，那么主播可以通过将剃须刀放在水中浸泡的方式展示剃须刀的防水效果，这样商品的效果尽显无遗。

二是展示的商品的效果立等可见。如果商品的效果要等待很长时间才可见，那么这样的商品就不适合在直播现场展示效果。例如，某款有美白功效的面膜，主播无法在直播间立即展示面膜的美白效果。

综上，介绍商品的使用方法和展示效果也能在一定程度上影响用户的购买决策。所以，主播在介绍任何一件商品时都不能忽视这两点，尤其是一些功能较多、使用方法较复杂、效果明显的商品。

6. 第六步：介绍商品在直播间的优惠价

在了解商品的基础信息、购买方法、适用人群、解决什么问题、使用方法以及效果后，用户会关心的问题是"我到底要花多少钱才能购买到我看中的商品"。所以推介商品的第六步是介绍商品在直播间的优惠价。

介绍优惠价的关键是让用户深刻地感知到"优惠"二字，而不是口头上说"很便宜""买到就是赚到""超低价"，如果只是口头上说，用户很难感知优惠的力度，可能会认为这只不过是一种营销噱头，不会产生购买商品的意向。所以，主播在介绍商品在直播间的优惠价时要掌握一定的技巧，如图 8-11 所示。

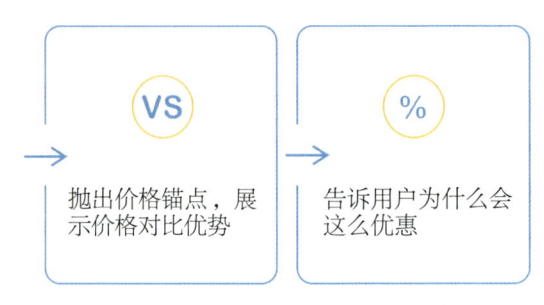

```
┌─────────────────┐      ┌─────────────────┐
│       VS        │      │        %        │
│       →         │      │        →        │
│ 抛出价格锚点，展  │      │ 告诉用户为什么会  │
│ 示价格对比优势    │      │ 这么优惠          │
└─────────────────┘      └─────────────────┘
```

图 8-11 介绍商品在直播间的优惠价

（1）抛出价格锚点，展示价格对比优势

介绍优惠价其实就是要强调商品的日常售价与直播间价格的对比优势，商品在直播间享受的促销政策。

试想一下我们去购物的时候是否遇到过这样的现象：

某商品的吊牌上建议零售价为 39 元，但实际售价为 29 元；

商品的吊牌上经常会将商品的原标价划掉，然后再标上一个优惠价；

一些规模较小的实体店的老板总是喜欢开一个高价，然后等消费者还价。

这里的"39元""原价""高价"其实就是商家设置的一个价格锚点。什么是价格锚点？人们对于很多事物的判断很容易受到第一印象或者第一信息的支配，心理学中将这种心理现象称为沉锚效应或锚定效应，就像沉入海底的锚一样，会将人们的想法固定在一个地方。"39元""原价""高价"就是一个价格锚点，消费者会默认商品的价格就是这个价格，再看到同类或者类似的商品时便会与此价格进行对比，从而对消费者的购买决策产生影响。

简单地说，价格锚点就是商品价格的对比标杆。正常来说，价格低于价格锚点的商品更加能促进用户做出购买的决策。换个角度说，只有用户明确价格锚点，他们才会将同类或者类似商品的价格进行对比，才能感知到低于价格锚点的优惠价。

在第3章第2节"选品的4个步骤"中我谈到了"洽谈价格"，在这个环节其实主播就能知道商品的日常售卖价格以及直播间的优惠价格。这个信息在脚本中也会呈现。在介绍商品在直播间的优惠价时主播就需要用到这些内容。

主播首先应抛出价格锚点，然后再强调直播间的优惠力度，给出价格对比优势。

例如，"这件商品原价是188元，现在直播间的优惠力度非常大，直降68元，只需120元你就能买到。"

"188元"是价格锚点，"120元"是优惠价，"68元"是优惠力度，这样介绍能够非常清楚地展示商品在直播间的价格优势，进而能够促进用户下单购买。所以主播在介绍优惠价的时候不能直接给出优惠价，而是要先设置价格锚点，展示优惠力度，然后再给出优惠价。

（2）告诉用户为什么会这么优惠

有句俗话说"便宜没好货"，存在这样认知的用户并不会一味地被优惠价吸引。他们可能会因为价格优惠而对商品的质量产生怀疑，这种质疑会阻碍他们做出购买决策。所以，主播不仅要向用户介绍优惠价，还应当告诉用户为什么会这么便宜。

通常来说，直播间的商品之所以比较优惠有以下两个原因。

一是商家做促销活动。一些商家为了提升商品销量会做一些促销活动，于是会降低商品的价格。如果是这个原因，那么主播可以介绍说："今天老板想冲销量，所以价格给得非常低。大家有需要的话，千万不要错过这次机会。"

二是主播主动为直播间的用户争取的。在"洽谈价格"的环节主播会主动去为直播间的用户谈一些福利，这个福利就包含优惠价。所以，这个优惠价实际上是主播为直播间的用户争取的。如果是这个原因，主播可以说："今天这个优惠价可是我努力跟品牌方争取来的，在其他地方拿不到这个价格。你们可以去看看品牌官方网站的价格，都是原价，只有在我的直播间才能享受这个优惠价。"这是直播中常用的优惠理由，也是一个非常好的理由，能够进一步拉近与用户之间的距离，促进用户做出购买决策。

当然，除了以上两个原因，主播也可以根据实际情况给出其他合理的理由，只要能够让用户信服即可。但是要注意的是，给出的理由一定要是积极的，不能是"厂家倒闭了"这种负面理由。这种理由导致的优惠价不但不能促进用户购买，反而会降低用户对主播以及主播销售的商品的信任感，进而会影响整场直播的转化效果。

介绍商品在直播间的优惠价，其目的是降低用户的购买心理防线。当用户明确这个优惠价在其他地方很难买到该款商品的时候，他们的心理防线会不断地下降，甚至有可能突破心理防线，直接达成交易。

7. 第七步：介绍商品的售后问题

介绍商品的售后问题是推介商品的最后一个步骤，也是非常重要的一个步骤。不少用户在直播间购买商品的时候会存在以下几个疑问。

商品质量存在问题怎么办？

下单的时候拍错商品怎么办？

拿到商品的时候发现不喜欢怎么办？

一时冲动下单购买了商品，但是突然又不想要了怎么办？

如果用户内心存在的这些疑问得不到解决，那么即便商品的价格再优惠他们也会犹豫是否要购买该商品，甚至会直接打消购买该商品的念头。相反，如果主播能够详细地介绍商品的售后问题，有效消除用户的后顾之忧，那么就能够加速用户的购买决策，提升本场直播的销售转化率。

（1）介绍商品的售后问题

主播应提前与企业协商、对接商品的售后问题，并将相关信息明确传递给用户。

通常来说，商品的售后问题主要有如图 8-12 所示的四个方面。

- 购买商品后是否可以退货退款
- 商品是否正品
- 商品使用一段时间后出现问题怎么办
- 退款是否能及时到账

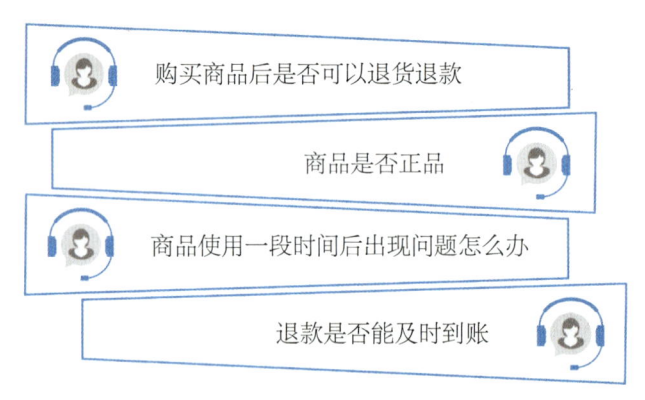

图 8-12　商品的售后问题

一是购买商品后是否可以退货退款。这是大多数用户会关心的问题，所以也是介绍售后问题时首先要介绍的问题。例如，"满足相应条件时，消费者可申请'七天无理由退换货'"。

二是商品是否正品。用户在直播间购物的时候比较担心的问题是购买到非正品，所以在介绍售后问题的时候，要明确告知用户是正品，并告知用户如果购买到非正品该如何处理，如"正品保障，假一赔四"。

三是商品使用一段时间后出现问题怎么办。商品质量问题也是一些用户担心的售后问题，所以这方面的售后问题也应交代清楚。例如，"签收 60 天内，使用商品过敏并提供有效凭证的，商家将 48 小时内给予回应并无条件退货退款。"

四是退款是否能及时到账。如果可以退货，那么退款能否及时退回？这同样是用户较关心的问题，所以也应交代清楚。例如，"诚信用户在退货寄出后，享受急速退款到账"。

以上是用户比较关心的一些售后问题，主播在介绍商品的售后问题时可以从以上方面展开介绍。当然，不同的商品其售后问题不同，具体应根据商品本身的性质介绍商品的售后问题。

除了应主动向用户介绍商品的一些售后问题外，主播还应及时地回答用户提出的关于商品的一些售后问题。

在直播的过程中，如果用户对商品的售后存在疑问，他们很可能会在直播间的互动区提出疑问，如"收到货发现不喜欢可以退吗？""大小不合适可以退吗？"等，这个时候主播应及时回答用户提出的问题。

例如，"如果收到货之后发现不喜欢可以退换货，但前提是吊牌没有拆掉，商品没有被人为破坏……"这个时候还可以再次提醒其他用户，如"如果其他人也有这方面的疑问，可以放心购买，都是可以退换货的"。

这样一来可以与用户进行互动，提升直播间的气氛，二来可以及时解决用户的问题，打消用户的顾虑，促进用户完成购买行为。所以，主播应及时回答用户提出的关于商品的售后问题。

（2）告知用户反馈售后问题的渠道

遇到售后问题的时候如何反馈售后问题也是用户比较关心的问

题，所以主播还应明确告知用户反馈售后问题的渠道。

例如，"线上美容顾问为您提供悉心的建议，聆听您的需求并解答您的顾虑。客服热线：××××-×××-×××"。这其实就是将售后问题的反馈渠道告知了用户。用户明确他们反馈有门的时候便会更加放心地购买商品。

反馈售后问题的渠道其实有很多，可以提供官方的联系方式，也可以告知用户可以在官方的平台发私信、发电子邮件或者联系专门的客服人员等。总之，主播应将可以反馈的渠道都告知用户，让用户选择比较习惯或方便的反馈渠道即可。

告知用户反馈渠道的时候还应当强调，在收到用户的反馈后，直播团队一定会及时、高效地帮助用户处理商品的售后问题。

例如，"某某团队会根据用户反馈的问题第一时间跟品牌方进行处理，并会及时给出处理方案，请大家放心！所有商品的售后问题，我们一定都会积极、努力解决！"

这种强调等于给用户吃了一颗定心丸，让他们能够更加放心地去购买商品。

在用户反馈商品的售后问题时，主播一定要认真看并做好详细记录。这样直播团队在下次选品的时候就可以更加详细地跟企业对接商品的售后问题，尽可能地免除用户的后顾之忧，让用户可以放心地购买商品。

用户在直播间购买商品的很大一部分原因是出于对主播的信任，明确向用户介绍商品的售后问题是增强信任的一个好方法。所以，主播在向用户介绍商品的售后问题时一定要认真、详细，且应坚定地告诉用户出现任何问题都可以找主播，主播都会给他们一个满意的答复，为他们做出更多的保障承诺。当用户感知到这些的时候，他们对主播的信任感会进一步增强，这种信任感很容易促进他们做出购买决策。

第9章 引爆成交：
临门一脚，引导用户立刻购买

直播销售的最终目的是将商品成功地销售出去。所以，最后的成交环节需要主播掌握一定的成交技巧，引导用户立刻购买。

1. 行为引导：54321 倒数，发出购买指令

很多用户可能会因为一些小问题而在下单购买商品的时候犹豫不决，主播在这个时候要做的是引导用户立即购买。

如何引导用户立即购买？某知名主播在成交环节经常会这样说：

"××商品的市场价是199元，现在直播间的价格是149元，直降50元，数量有限，先抢先得。来，我们倒计时，54321！"

也许用户还在犹豫是否要购买商品，但是当听到"我们倒计时，54321"的时候，便会不自觉地行动起来。"54321倒数"这种购买指令的本质其实就是通过语言激活用户的潜意识，让用户不自觉地行动起来。所以在最后的成交时刻，主播可以通过发出购买指令的方式，激活用户的潜意识，引导用户立刻购买。

当然，发出"54321倒数"的购买指令也要讲究技巧。具体来说，主播在发出"54321倒数"的购买指令时应注意如图9-1所示的两个问题。

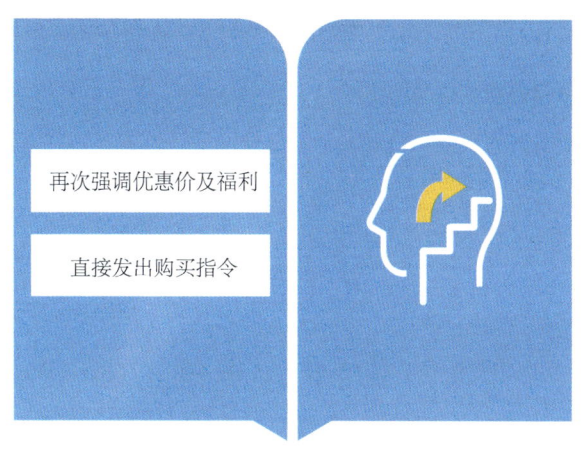

图9-1 行为引导

（1）再次强调优惠价及福利

实际上真正能够促使用户做出购买决策的并非"54321倒数"的购买指令，而是优惠价、福利、赠品等。

例如，某主播发出"54321倒数"购买指令时先强调：××商品的市场价是199元，现在直播间的价格是149元，直降50元，数量有限，先抢先得。

这句话中，"市场价是199元""直播间的价格是149元""直降50元""数量有限"等信息才是关键，当主播将这些利益点再一次输送给用户时，就能够进一步增强他们的购买欲望。当用户的购买欲望非常强烈时，才是发出购买指令的好时机。所以，在直播销售的最后成交环节，主播还应再次强调优惠价、福利或者赠品等优惠信息。

（2）直接发出购买指令

用户的购买欲望很强烈也并不意味着用户一定会实施购买行为，

用户可能会因为一些因素犹豫不决。

"价格还是超出了我的经济承受能力，不然我一定会购买。"

"这款商品在我的必须购买的商品清单里，但是价格还是有点贵。"

"如果还有其他的颜色可以选择就好了，我一定会购买。"

……

当用户因为这些小问题而犹豫不决的时候，其实就可以直接发出购买指令。因为留给用户的时间越长，他们用来思考决策的时间就越长，思考的问题就会越多，也就越有可能做出放弃购买的决策。直接"54321倒数"，发出购买指令其实就等于缩短用户的思考时间，让他们快速做出购买决策。所以，主播在最后的成交环节再次强调优惠价、福利和赠品后，就可以直接倒数"54321"，发出购买指令。

采用"54321倒数"等方式发出购买指令这种行为引导方法是一些主播在直播销售中常用的销售策略。这种销售策略能够有效引导用户购买的主要原因有以下两点。

一是倒数能够营造一种紧张的氛围，带给用户一种"再不下单就来不及"的感觉。这种感觉能够有效促进用户实施购买行为。

二是"54321倒数"这种表达方式更倾向于一种群体的一致行动。对于观看直播销售的用户而言，他们很难抵抗这种大规模群体一致行动的感染力，进而内心的消费意愿会更加强烈，很容易立即实施购买行为。

除了"54321倒数"，类似的购买指令还有"买它！买它！买它！""这款商品必入！必入！必入！""不用想，直接拍！"等。主播可以根据自己的人设或直播间用户的特点设计一个有特色的，能够促使用户做出购买行为的指令。

2. 心理引导：把非刚需商品变成刚需商品，击中用户的潜在需求

所谓的刚需一般指刚性需求，是指在商品供求关系中受价格影响较小的需求；非刚需是指在商品供求关系中受价格影响较大的需求，可以简单地理解为可有可无的需求。一个销售能力强的主播不只是懂得开展行为引导，还要懂得进行心理引导，将非刚需的商品变成刚需，击中用户的潜在需求，进一步引导用户购买商品。

某主播曾在一次直播中销售一款进口的品牌牙线。对于一些中国用户来说，牙线属于非刚需商品。因为大多数中国用户不习惯使用牙线，而比较习惯用牙签。这种习惯一时间很难改变。那么该主播要如何才能将这款品牌牙线更多地销售出去呢？她采取了"孩子模仿家长"的销售策略。

在介绍该款牙线的时候该主播说道："家里的小孩一般都喜欢模仿大人的行为，大人用牙签剔牙，小孩也会模仿大人剔牙，这样很容易导致小孩的牙齿出血或受伤。也就是说，你在家里使用牙签有可能是在给孩子做一个坏示范。但是牙线就不存在这种问题，而且非常健康。"

听完该主播说的话后，一些家长会想："使用牙签的确很容易产生

安全隐患，反正牙线也能起到跟牙签一样的效果，价格也不贵，何不选择牙线呢。"于是，该主播就这样成功地将一款非刚需商品变成了刚需商品，并成功地将非刚需商品销售出去。

实际上，直播销售由于是出于"货找人"模式，所以在直播销售的过程中大多数购买用户是出于非刚性需求转化，因此，在直播销售中，主播应懂得通过行为引导购买商品，更加应懂得心理引导，将非刚需商品变成刚需商品。

将非刚需商品变成刚需商品主要有折扣力度较大的商品和新奇特的商品两个核心点，如图9-2所示。

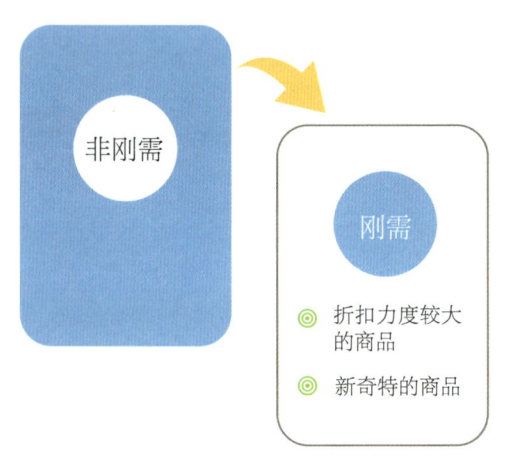

图9-2 心理引导

（1）折扣力度较大的商品

当一款商品的折扣力度较大，价格比平时售价低很多的时候，也很容易将非刚需的商品变成刚需商品。

某主播9月份在直播间销售一款取暖器。9月份正值天气炎热的时候，取暖器不是刚需商品。但是这种反季节的商品折扣力度较大，价格非常便宜，所以该主播抓住了这个点将非刚需商品变成了刚需商品。该主播在直播间介绍取暖器的时候说："现在这款取暖器的折扣力度非常大，可以说已经达到最低的价格。如果你9月份不买的话，11月份买肯定会涨价。现在是因为反季清仓价格才会这么低，一定要把握住机会。其实商品的功能都是一样，今年不会升级什么新功能，只是款式问题，而且今年的新款一定会涨价。"

当用户明确能够用较低的价格购买某款商品时，他们对商品的需求很可能从非刚需变成刚需。就像我们去超市原本只打算买一瓶酱油，但是看到超市里各种商品的促销活动后，我们可能会带回来很多东西，如方便面、毛巾、刷牙杯……这就是折扣力度大，价格较便宜的魅力，能够成功地将一些非刚需商品转变为刚需商品。

所以，如果商品的折扣力度较大，价格非常优惠，那么主播在最后的成交环节一定要着重强调商品的折扣价，以成功将非刚需商品转变成刚需商品。

（2）新奇特的商品

除了折扣力度较大的商品外，一些新奇特的商品本身就能从非刚需商品变成刚需商品，这就需要主播善于发现并挖掘新奇特的商品的特点。

某主播在直播间销售一款化妆品专用冰箱。这款冰箱就属于一款新奇特的商品，因为很少有专门用来储存化妆品的冰箱。这种新奇特的商品并不容易被用户接受。一些用户可能会产生一些疑问，如"我家里明明有冰箱，可以用来存放化妆品，为什么还要专门买一个化妆品冰箱呢"。言外之意是这款化妆品专用冰箱并不是刚需商品，他们没有购买的需求。那么，主播要如何才能将这款冰箱销售出去呢？

该主播在介绍该商品的时候说："有一些用户购买的护肤品比较多，且价格不菲，如果将这么贵的护肤品跟蔬菜、大蒜放到一起，有可能会变质变味，所以需要一个化妆品专用冰箱。这种冰箱不需要占用很大的空间，而且还有3个隔层，便于护肤品分类存储。"

主播首先提炼出了一个问题"将这么贵的护肤品跟蔬菜、大蒜放到一起，有可能会变质变味"，然后突出了专用冰箱的特点"不占空间""有隔层，便于分类储存"。这两点结合在一起就成功地放大了用户对专用冰箱的需求，能够将化妆品专用冰箱变成一些用户的刚需商品。

所以，当主播销售的是一些新奇特的商品时，应仔细研究商品突出的特点，以及能够帮助用户解决什么问题，然后将两者结合，成功地将非刚需商品变成刚需商品。

把非刚需商品变成刚需商品其实就是给用户一个不得不买的价格，或者给用户一个不得不买的理由。这个价格可以是优惠价，也可以是福利或赠品，不得不买的理由其实就是商品能解决用户什么问题，给用户带来什么价值。这一点在第8章第4节中提到了，主播在成交环节可以再次强调，以将非刚需商品变成刚需商品，成功引导用户购买商品。

3. 价值引导：让用户为商品的价值感付费

很多时候，用户其实并不是真的为商品的成本付费，而是为商品能够为他们带来的价值感付费。所以，在最后的成交环节，主播还应懂得进行价值引导，让用户为商品的价值感付费。

商品的价值主要有3种：使用价值、体验价值和传播价值。

例如，冬天到了，张女士准备买一件羽绒服。

如果张女士仅仅是想购买一件保暖的衣服，那么保暖就是羽绒服的使用价值，张女士在选购羽绒服时会主要考虑"保暖"因素。

如果张女士不仅追求保暖，还希望羽绒服的款式好看，那么"款式好看"就是羽绒服的体验价值，张女士在选购羽绒服时很有可能会因为羽绒服"款式好看"而忽略价格因素。

如果张女士不仅追求保暖、款式好看，还看重品牌，希望得到身边人的称赞，"他人的称赞"就是羽绒服的传播价值。

这3种价值都会影响用户的购买决策。只有用户感知到能够满足他们需求的某种价值感时，他们才会下定决心购买该款商品。所以，在直播销售的成交环节，主播应明确每一件商品的价值，并明确将这种价值传递给用户，让用户能够深刻感知到商品的价值感，进而做出购买决策。

要想让用户感知到商品的价值感并做出购买决策，那么就要从商品的3种价值入手为商品营造价值感，如图9-3所示。

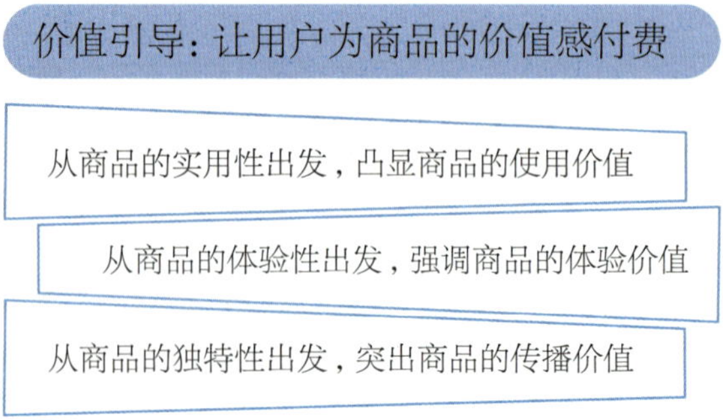

> 价值引导：让用户为商品的价值感付费

> 从商品的实用性出发，凸显商品的使用价值

> 从商品的体验性出发，强调商品的体验价值

> 从商品的独特性出发，突出商品的传播价值

图 9-3　价值引导

（1）从商品的实用性出发，凸显商品的使用价值

商品的使用价值其实就是商品的实用性，是商品的自然属性，基本价值。

一些主播会抱怨有些商品的价值不易凸显，例如矿泉水。像矿泉水这种价格不高、特色不是很明显的商品其价值的确不好凸显。但是要清楚，任何商品都有其使用价值，这种基础价值也是促进用户购买商品的因素。尤其对一些价格不高、特色不明显的日常用品来说，用户本身就是为其使用价值而付费的。

主播在直播间推介一款矿泉水并引导用户购买的时候，只需要将矿泉水的实用性突出即可。例如，"平时出门的时候带水杯不是很方便，可以带一瓶矿泉水放在包里，非常方便""这款矿泉水含有丰富的营养元素，不仅可以解渴，还有利于身体健康"。

对于像矿泉水这样本身功能就较简单的商品来说，能够让用户感知到的也只有它的使用价值。主播只要能够将商品的使用价值传递给用户，就能够有效促进用户为商品的使用价值付费。所以，如果主播在直播间推荐的是一些价格较低、较日常的商品，那么可以重点描述商品的实用性，突出商品的使用价值。

（2）从商品的体验性出发，强调商品的体验价值

体验价值是指用户能够从直播间的商品体会到的源于内心感受的价值。商品的体验价值的表现形式主要有3种：情感价值、心理价值和知识或信息价值。

情感价值是指通过商品的提供使用户产生愉悦等积极情感，从而使用户能够感受到商品的价值。例如，主播在介绍某款室内香薰商品时说"这款香薰放置在客厅，每天一回家都感觉很治愈、温馨，可以消散一些不好的心情"。

心理价值是指用户购买商品的心理感知风险较低，从而使用户能够感受到商品的价值。心理感知风险是从心理学中延伸出来的一个概念，是指用户的任何购买行为，都可能无法确保其预期的结果是否正确，而某些结果可能令用户不愉快。所以，用户的某些购买决策中隐含着对结果的不确定性，这种不确定性会产生一定的风险。当用户预测风险比较高时，他们很可能做出放弃购买的决策。如果某款商品能够有效降低用户的心理感知风险，那么就能够有效提升商品的体验价值，促进用户做出购买决策。例如，主播在介绍一款眼影的时候说"这盘眼影的色号不挑肤色，大家都可以放心购买，一定不会买错"。

知识或信息价值是指由于用户在购买商品时得到自己想要了解的信息，或由于消费商品增长了需要的知识时用户感知到该商品为其带来的价值。例如，用户在介绍一本销售技巧方面的书籍时说"销售人员要想掌握销售的底层逻辑,提升自己的业绩,一定不要错过这本书"。

情感价值、心理价值和知识或信息价值大多归于用户在购买商品的过程中因获得的独特体验而感知到的商品价值,因此称为体验价值。这3种表现形式的体验价值也是商品的一种特色,能够有效促进用户为这些价值付费。

(3)从商品的独特性出发,突出商品的传播价值

商品的传播价值是指用户购买商品后与他人分享过程中所产生的价值。在用户乐于分享的互联网时代,这种价值也能有效促进用户为商品付费。

通常来说,商品的传播价值主要体现在商品的独特性上,因为越独特、新奇的商品,人们越乐于分享。能够体现商品独特性,突出商品传播价值的方面其实有很多,如限量、新品、稀缺、品牌等。

某主播在推荐一款品种罕见、产量较少的水果时说:"产这种水果的果树目前全球只有500棵,美食专家某某认为这种水果极其美味。你们下单后,果农将在24小时内现场采摘,市区免费送货上门,独立真空包装"。

"全球限量500""美食专家推荐""24小时内现场采摘""免费送货上门""独立真空包装"这些都能够有效突出商品的独特性,能够让用户产生与他人分享的想法,进而让用户感受到商品的传播价值,并愿意为此付费。但要注意的是,商品的传播价值一定要真实,不能为了凸显商品的传播价值而杜撰商品相关信息。

实际上,任何一种商品都具有以上某种或者几种价值,凸显这些价值,让用户深刻感知到这些价值,才能让用户为商品的价值感付费。

所以，主播应善于发现并挖掘商品的全部价值，并将这些价值清晰地传递给用户。

4. 氛围引导：便宜氛围 + 稀缺性氛围 + 抢购氛围

一个良好的消费氛围能够有效调动直播间用户的热情和积极性，在这种状态下用户的消费意愿会更加强烈，进而更加容易实施购买行为。所以，在直播销售的成交环节，主播应懂得采取一些措施，为直播间营销良好的消费氛围，进一步引导用户购买商品。

通常来说，能够有效促进用户购买商品的氛围有**便宜氛围**、**稀缺性氛围和抢购氛围3种**，如图9-4所示。

图9-4 氛围引导

（1）营造便宜氛围，让用户觉得不买就亏了

用户都喜欢物美价廉的商品，尤其是价廉的商品。所以，他们常常会因为价格便宜而更加容易做出购买决策。因此，主播应当懂得用户的这种心理，并在直播销售成交的关键时刻再次营造便宜氛围。

某主播在直播销售的成交环节说："这款商品现在的价格可以说是全网最低了，这个价格如果买到绝对是赚到，不买你就亏了。"

当用户感觉到自己可能吃亏的时候，他们的下一个动作很可能就是下单购买商品，避免自己吃亏。所以，在成交环节营造便宜氛围，让用户觉得不买就亏了能够进一步提升商品的转化率。

在直播间营造便宜氛围的方式主要有两种。

一是主播用语言直接告知用户"便宜"。例如"今天不买明天就会后悔""不买就亏了""买到就是赚到""只有在我的直播间才有这样的价格，往后只会越来越贵"等。

二是将优惠价或福利的信息展示在直播间的背景墙上，如图9-5所示。

图9-5 某主播在直播间的背景墙上展示了相关福利

（2）营造稀缺性氛围，让用户觉得再不买就买不到了

俗话说"物以稀为贵"，是指事物因稀少且有益，从而显得珍贵。在经济学上，"稀"是指供小于求，有需求的"稀"才有价值。当直播间的用户对直播间的某款商品有需求但是却因为供小于求而可能购买不到该款商品的时候，商品的价值就会凸显，用户的购买欲望就会更加强烈。直播销售的成交环节需要的正是这种"物以稀为贵"的稀缺性氛围，这种稀缺性氛围能够让用户觉得再不买就买不到，进而会促使他们快速做出购买决策。

营造稀缺性氛围其实就是要重复、重点强调商品"限时限量限地"。

一是限时：强调在限定的时间内下单才能以优惠价格购买到该款商品，时间到了就会立即恢复原价，例如"最后2分钟！最后2分钟！我要上链接了，你们做好准备。过了这个时间就要恢复原价了"。这个时候其实可以用到第1节提到的行为引导策略，用"54321倒数"的方式进一步加强紧张感，促进用户购买，如"最后两分钟，好，上链接，54321"。

二是限量：强调商品的数量有限，例如"这款商品一共就2000套，还剩100套，卖完就没有了"。限量是能够有效引导用户的关键因素，当用户知道数量有限的时候，便会不自觉地下单购买。

三是限地：强调只有在主播的直播间才能享受这样的福利、优惠价等，例如"今天这款商品只有在我的直播间才能享受这样的优惠价，且还有一个赠品赠送。所以，如果看中了一定要及时下单"。这也是营造稀缺感的一种策略。

限时限量限地的稀缺性氛围能够给用户带来一种紧张感，在这种紧张的氛围下，用户很容易不自觉地下单购买商品。

（3）营造抢购氛围，让用户觉得再不行动就来不及了

抢购氛围是能够有效促进用户"买买买"的一种营销氛围。所以，主播应懂得如何在直播间营造抢购氛围。

营造抢购氛围比较直接的方式就是告知用户"不抢购就真的抢不到"。

某主播在成交的关键环节告知用户："这款商品还有最后50件，赶紧抢，抢到就是赚到……好！我要上链接了，54321，开始！"当一轮抢购结束后，主播会继续说："好，这款商品已经全部抢完了，没有库存了，下链接。你们看到了，不抢就买不到。下面我们继续上另一款商品，你们要做好准备，千万不要再错过！马上要上下一个商品的链接"。

当某款商品已经被抢购一空的时候，直播间的抢购氛围其实就已经营造成功了。主播接下来要做的就是通过语言进一步渲染这种抢购氛围，让用户觉得在接下来的直播中不积极地行动就真的来不及抢购自己心仪的商品，进而加速做出购买决策。

直播销售本身不是机械性地复述，而是有技巧地引导用户购买，促进成交，如用便宜氛围、稀缺性氛围和抢购氛围，让用户产生"买到就是赚到""不买就亏了"的心理，进而加速用户的购买决策。所以，直播销售不仅是一种销售策略，更是一门艺术。

第10章 直播复盘：
回顾总结，放大每一次直播的价值

直播复盘是直播销售中非常重要的一项工作。养成直播复盘的好习惯，不仅可以发现直播销售中存在的问题，查缺补漏，还能够从中找到提升直播销售效果的方法。

1. 数据分析，看到整场直播的短板和优势

企业都希望直播销售的效果一次比一次好，但是很多时候事情不尽如人意。一些刚进入直播销售领域的企业，在直播销售中通常会遇到的问题是直播效果一次没有一次好，用户流失率非常大。为什么会出现这样的问题？究其原因有很大一部分是企业在直播结束后没有对直播销售进行回顾总结，做直播销售复盘。

"复盘"一词最早用在围棋中，也称"复局"，是指对局完成后，复演该棋盘的记录，以检查对局中招法的优劣势与得失关键。后来"复盘"一词也被广泛运用到工作中，人们会通过复盘找出工作中的短板和优势，然后改进短板，进一步提升工作成绩。

复盘同样适用于直播销售中。当直播销售结束后，企业可以对整场直播销售进行回顾总结，找出直播销售中的短板和优势，对直播销售进行优化。所以，企业要想做到直播效果一次比一次好，那么直播复盘就是必不可少的工作。

直播复盘的核心是数据分析，因为数据分析是能够直观地看到整场直播销售的短板和优势的有效方法。

通常来说，直播平台的创作者服务中心的主播中心都会提供直播销售中的相关数据。直播销售的数据主要分为两大类：**直播数据和销**

第10章 直播复盘：回顾总结，放大每一次直播的价值

售数据。

直播数据是直播中收获的粉丝数量及粉丝评论等相关数据。图10-1为某直播平台创作者服务者中心的主播中心提供的直播数据。

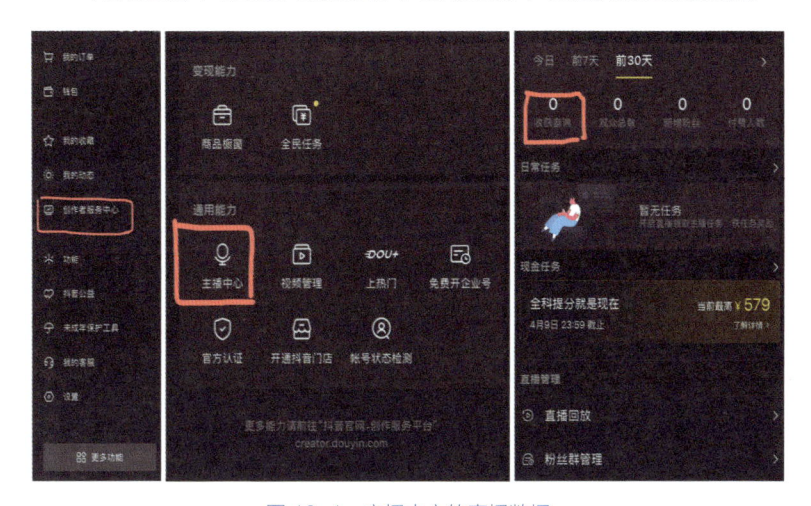

图10-1 主播中心的直播数据

通常来说，直播数据主要包括以下6个。

一是观众总数：一场直播中有多少用户观看了你的直播。

二是新增粉丝：在直播销售期间，有多少用户关注了你的账号。

三是付费人数：在直播销售期间，有多少用户愿意为你的直播内容进行付费。

四是评论人数：有多少用户在直播销售的互动环节中发布了评论。

五是收获虚拟币：直播销售期间，收获多少平台的虚拟币。

六是直播间的观众来源：直播间的用户来源于什么渠道，如直播推荐、同城。

销售数据是指在直播销售整个过程中与商品销售的相关数据,图10-2为某直播平台的销售数据。

图 10-2　某直播平台的销售数据

具体来说,销售数据主要包括以下5种。

一是订单管理:可以查看全部订单的状态,如已支付订单。

二是账单管理:可以查看交易中及交易完成金额。

三是点击数:商品、店铺的点击数量。

四是付款数:销售商品带来的付款订单笔数。

五是总金额:销售商品带来的总收入金额数。

明确这些数据后,下一步要做的就是对这些数据进行深入分析。数据分析是重点,因为直播销售的结果最终还是数据说了算。通常来说,数据分析的核心内容主要包括粉丝转化率、用户活跃度、商品转化率等3个方面。

(1)粉丝转化率

粉丝转化率是指新增粉丝与观众总数的占比。粉丝转化率越高说明直播销售的效果越好。而且粉丝越多，越利于沉淀私域流量，促进流量裂变。所以在直播复盘环节，企业应重点分析粉丝转化率。

企业还可以组织直播团队的成员进行交流、讨论，进一步分析影响粉丝转化率的原因，并找出解决问题、提升粉丝转化率的方案。

在分析影响粉丝转化率的原因时还应重点关注一个数据——直播间的观众来源。直播间的观众来源通常包括直播推荐、关注页、直播广场、视频推荐、同城及其他。企业可以通过分析这些数据，找到影响粉丝转化率的原因。

例如，如果直播间的观众都来源于直播广场、视频推荐，那么说明直播间的流量都来源于公域流量。如果直播间的流量都来源于推荐的公域流量且占比达到50%以上时，那么粉丝转化率较低就是比较正常的事情。因为公域流量的粉丝黏度较低，容易流失。这样分析后，企业下一步的重点工作就是建立私域流量池，沉淀私域流量。

（2）粉丝活跃度

粉丝活跃度是指粉丝在直播间的活跃程度。企业可以从评论人数与观众总数的占比分析直播间的粉丝活跃度。粉丝活跃度越高，越利于直播销售的转化。

为了找到影响粉丝活跃度的问题，企业可以将不同场次的直播销售的数据进行对比。然后分析、总结粉丝评论较多与粉丝评论较少的直播销售的区别。

例如，开场的时候粉丝活跃度比较高，但是中场的时候粉丝活跃度比较低。深入分析后发现开场的时候优惠活动比较集中，所以粉丝活跃度较高。中场没有优惠活动，都是主播讲解商品，导致粉丝活跃度不高。

（3）商品转化率

商品转化率是指成交商品与直播间推荐的所有商品的占比。商品转化率是企业和主播都比较关注的数据，因为商品转化率的高低能够直接影响一场直播获利的多少。商品转化率越高，说明直播销售的效果越好，商品转化率越高，本场直播有可取之处。相反，商品转化率较低说明直播销售的效果不理想，商品转化率不高，本场直播存在短板。所以，企业也可以通过分析商品的转化率看到直播的短板和优势。

实际上，粉丝转化率和活跃度都会在一定程度上影响商品转化率。粉丝转化率和活跃度越高，商品的转化率也越高。因为粉丝转化率和活跃度高，说明粉丝对直播销售的商品感兴趣，进而会产生购买行为。

可以看出，直播销售中的每一个数据其实都是关联的，任何一个数据背后也都是有迹可循的。通过数据可以分析的信息点远不止以上3种，还有很多。只有尽可能全面地找到这些数据背后的"秘密"，才能更好地规避短板、发挥优势，使直播销售的效果越来越好。要找到这些秘密，就要善于对直播销售的数据进行全面、深入分析。

企业可以根据直播平台的属性或者自身的具体情况搜集更多的数据，并对不同场次的数据进行比较，进行深层次的数据分析。搜集的数据越全面，越利于做好数据分析工作。

实际上，数据分析是一项比较专业的工作，如果企业想通过数据分析更加直观地看到直播的短板和优势，建议可以聘请专业的数据分析人员或者委托第三方数据分析平台做数据分析。如果中小企业没有这方面的成本预算,那么可以通过平台提供或自己搜集的数据做简单的数据分析,这样也可以直观地发现直播销售中存在的一些显著的问题。

2. 搜集用户反馈,发现直播待优化的问题

直播销售复盘简单地说就是一个发现问题并解决问题的过程。企业除了可以通过数据分析,直观地看到直播中的短板,存在的问题,还可以通过搜集用户反馈,更加简单、直接地发现直播中待优化的问题。所以,直播销售结束后搜集用户反馈,发现直播中待优化的问题也是直播复盘的关键工作。

企业可以从如图10-3所示的4个方面入手搜集用户的反馈。

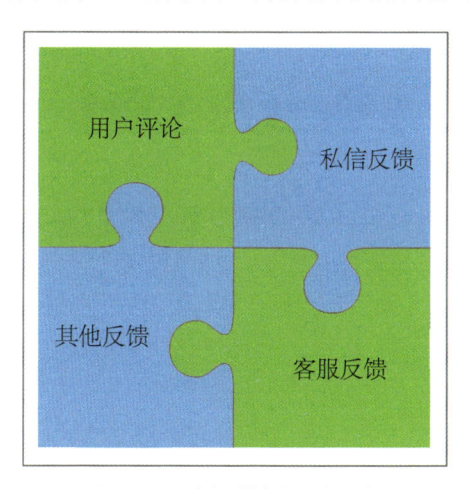

图 10-3　全渠道搜集用户反馈

（1）用户评论

用户在观看直播销售的时候通常会实时提出一些问题，如"可不可以多准备一些福利，每次都抢不到"。这个时候其实就是搜集用户反馈，发现直播中待优化的问题的最佳时机。

但是在整场直播销售中，用户的评论少则有几百条，多则有几万甚至几十万、几百万条，要搜集所有用户的评论，找出直播中待优化问题显然是一件很难实现的事情。所以，建议企业记录1~3个热点评论即可，也就是直播间的用户重复评论、提到的问题，如：

"多试一下色号，我想要参考一下，选择更加适合自己的。"

"能不能直接告诉我们最终的价格是多少，我不太会计算。"

"这个面霜如何使用才能更好地发挥保湿的效果？"

将热点评论记录下来，便于直播结束后发现问题并积极地寻找解决问题的方案。等到下一次直播销售策划直播脚本的环节就可以重点突出这些问题，解答用户心中的疑问，进一步优化直播销售的效果。

有一些直播平台或数据分析平台还会提供专业的"用户互动"方面的数据分析，这些数据中会显示"评论热词""弹幕词云"等数据信息。所以，企业应深入了解平台的功能，并借助平台提供的相关数据，搜集用户评论，分析直播销售中待优化的问题。

（2）私信反馈

用户在直播销售中不仅会通过评论实时反馈一些问题，也会通过私信反馈问题。所以，私信也是搜集用户反馈的一种渠道。

私信反馈的数量一般也比较多，企业同样很难搜集所有的私信反馈，因此也只能快速浏览私信，并从中挑选1~3个热门私信，即用户询问比较多的问题。如果时间和精力允许，那么企业应尽可能仔细地浏览用户反馈的问题，并将一些可能会严重影响直播效果的问题挑选出来。

企业不仅可以通过用户的主动反馈发现直播中待优化的问题，还可以通过私信主动询问，搜集用户的反馈。这项工作一般在直播结束后进行。企业可以在直播间较活跃的用户中随机抽取几位进行私信回访，如：

"在观看直播销售的过程中体验如何？"

"您认为这场直播中哪些地方需要改进？"

"你们有什么更好的建议吗？"

通过私信回访不仅可以搜集用户反馈的问题，还能够借此向用户表达关心和诚意，进一步拉近彼此之间的关系，提高用户忠诚度，实现引流。

(3) 客服反馈

直播间的角色中通常会有一名助理或其他工作人员，这些工作人员中通常会有一人担任客服的角色。客服的工作就是在线解答用户提出的疑问，或者搜集用户反馈的问题。所以，客服反馈也是搜集用户反馈的一个渠道。

此外，在直播销售结束后，客服或助理还可以在粉丝社群提出一些问题，主动搜集粉丝反馈，如：

"你们给刚才那场直播打几分？"

"小仙女们喜欢今天晚上推荐的化妆品吗?"

"你们希望直播间有哪些优惠活动?"

通过粉丝社群互动,不仅可以搜集用户反馈,还可以拉近彼此之间的关系,增强粉丝黏性,促进流量裂变。

(4)其他反馈

以上几种是常见的可以用来搜集用户反馈的渠道。实际上,还有其他渠道可以搜集用户反馈,如通过亲人、朋友、同事或站外渠道也都可以搜集用户反馈,能够及时、全面地发现直播待优化的问题。

总的来说,企业要想及时、全面、深入地发现直播待优化的问题,应通过全渠道搜集用户反馈。只有这样做,才能尽可能全面地发现问题并及时解决问题,使得每一次直播效果都能比上一次直播效果更好,进而不断地提升直播销售的转化率。

3. 提出改进方案,针对性地解决问题

直播复盘的最终目的是解决问题。所以在通过数据分析和搜集用户反馈发现直播中的短板和待优化的问题后,企业下一步要做的就是提出改进方案,针对性解决问题。

(1)对问题进行分类、总结

实际上对数据进行深入分析并全面搜集用户的反馈后,直播销售中存在的问题就很容易凸显。但是如果将所有问题都放在一起处理的

话会显得特别混乱，导致企业不知道从哪里着手去解决这些问题。所以，建议企业对直播销售中存在的所有问题进行分类、总结，将问题更加有条理、清晰地呈现出来，便于直播团队从正确的方向切入，提出改进方案。

例如，直播销售中存在的问题为以下几个。

直播间浏览次数少。

观看人数少。

新增粉丝少。

中途退出直播间的人数较多。

付费数低。

总收入金额较低。

明确这些问题后，企业便可以对这些问题进行分类、总结。

直播间浏览次数少、观看人数少这两个问题都属于流量方面的问题，所以可以将这类问题总结为"流量问题"。

新增粉丝少、中途退出直播间的人数较多等问题主要会影响粉丝的转化率，所以可以将这类问题总结为"粉丝转化问题"。

付费次数少、总收入金额较低等问题主要会影响商品的转化率，所以可以将这类问题总结为"商品转化问题"。

当一场直播中的问题可以明确归类为流量问题、粉丝转化问题和商品转化问题等三大类问题的时候，企业就可以从这三大类问题切入寻找解决方案。

（2）针对性解决问题

不同的问题其改进方案不同。对问题进行分类、总结其实就是为了更有针对性地解决问题。所以，对问题进行分类、总结后，企业下一步要做的就是根据问题的类型针对性地提出改进方案。

为了能够更加清晰地呈现问题，便于企业提出更加具有针对性的改进方案，建议制作一张表格，见表10-1。

表 10-1 直播复盘问题分类及改进方案表

问题分类	问题描述	改进方案
流量问题	直播间浏览次数少	做好预热
	观看人数少	引导分享
	……	……
粉丝转化问题	新增粉丝少	引导关注
	中途退出直播间的人数较多	重复优惠活动或福利
	……	……
商品转化问题	付费数低	引导购买
	总收入金额较低	加大优惠力度
	……	……

从上表中可以非常直观地看到直播销售中存在的问题类别以及问题的描述，然后可以据此提出针对性的改进方案。

通常来说，企业可以从以下4个方向入手提出改进、优化直播的方案。

一是提升直播间的玩法。通过引流款商品或秒杀款商品，让用户能够在直播间获得价值感，购买到物美价廉的商品。

二是提升主播的讲解能力、引导能力、感染力、亲和力。这些能力都能够有效提升用户的转化率和购买力。

三是匹配符合用户需求的商品。商品的类目匹配、性价比、价格与用户的匹配程度越高，越能促进商品转化。尤其是性价比高的商品，会让用户忍不住想购买。

四是直播间的布置。直播间的布置与商品和主播人设等越相符合，越能给用户营造一种良好的场景感，使得用户愿意在直播间停留更长的时间，进而可以有效促进商品转化。

总结来说，就是"人、货、场"这3个方向，这也是我们在前面章节中提到的内容。

实际上当直播效果不是很理想的时候，企业就需要从直播销售的人设、选品、场景、策划、播前预热、开播热场、商品推介、引爆成交、私域运营等方面切入，寻找问题并提出能够改进问题的方案。从这个角度可以看出，直播销售其实是一个不断改进、优化的过程。企业需要不断地复盘、总结每一次直播的短板、待优化的问题，然后改进、优化下一场直播销售的效果。

所以，对于真正想做好直播销售的企业而言，一场直播销售的结束并不是工作的结束，反而是下一场直播销售的开始。只有这样做，才能更好地把握直播销售领域的各种机遇，才能乘势而上。

4. 做好复盘记录，方便随时查看

复盘记录是直播复盘的最后一项工作，也是比较重要的一项工作，更是容易被企业忽视的一项工作。不少企业认为已经找到了直播销售中存在的问题及改进问题的方案，那么本场直播的复盘工作就完美地结束了。但复盘的最终目的是优化以后的每一场直播效果，如果没有复盘记录，企业很容易因为种种事情而忘记上一次直播复盘的内容，进而很可能会"重蹈覆辙"，导致直播效果不理想。所以做好复盘记录就显得十分重要。复盘记录的主要作用是便于企业的相关人员随时查看复盘的内容，能够有效避免已经出现的问题，优化直播效果。

为了做好直播复盘的记录工作，企业可以安排专门的人员做直播复盘记录。复盘记录其实就是记录复盘过程中搜集的数据、问题和改进方案、团队成员的独特想法等内容，如图10-4所示。

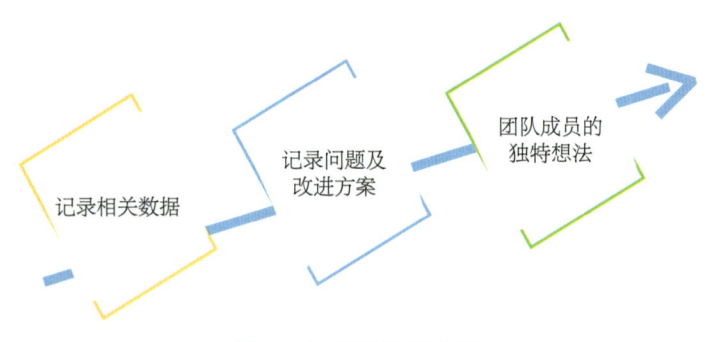

图 10-4 复盘记录的内容

（1）记录相关数据

复盘的过程中会搜集并分析一些数据，如本章第1节提到的有直播数据和销售数据，还有一些其他数据。记录这些数据不仅可以明确本场直播的效果、成绩，还能为下一场直播销售做数据参考。

例如，上一场直播销售的粉丝转化率为30%，但是本场直播销售的粉丝转化率为20%。

从这个数据可以非常直观地看出本场直播的粉丝转化率降低了。通过这个数据，企业就能明确直播销售中存在的问题，然后会从影响粉丝转化率的角度切入，寻找相关原因并提出改进方案。相反，如果没有明确的数据记录，企业甚至会认为粉丝转化率为20%是非常不错的成绩，然后沾沾自喜而不知改进。

(2)记录问题及改进方案

在上一节"提出改进方案，针对性解决问题"中，我们建议企业制作一张表格，将问题和改进方案都填入表格中。这个时候其实就是在做复盘记录。

但是为了确保将本次直播销售中的问题及改进方案都详细地记录下来，企业还应再次确认表格中的内容。企业要确保将用户评论、私信反馈、客服反馈以及其他渠道反馈的问题都详细地记录下来，且要确保根据问题记录针对性的改进方案。

做直播复盘的时候并非提出的所有问题都能够在当场的复盘中得到改进方案，也就是说，很可能会有一些遗留问题。为了避免忘记遗留问题，可以将遗留问题单独列出来。在复盘结束之后，记录人员应及时跟进遗留问题，需与负责人员强调遗留的问题，跟进问题的改进进度。这个时候企业最好可以确认一下改进遗留问题的时间，并尽快找到改进问题的方案，避免将这些遗留问题留到下一场直播中，影响直播效果。

遗留问题的改进方案提出后，记录人员应及时做好补充记录，将遗留的问题及解决方案详细地记录下来。

(3)团队成员的独特想法

通常来说，直播复盘工作是企业中和本场直播相关的所有成员都应参与的工作，在这个过程中，团队成员会针对直播中存在的问题，集思广益发表自己的想法。这些想法中有的可以针对性解决直播销售中存在的问题，有的虽然不能帮助改进直播中存在的问题，但是比较独特，也许能够用到以后的直播销售中，帮助提升直播销售的转化率。所以，只要是有创意、有价值的想法都值得被记录下来。

这就要求记录人员有一定的辨别能力，能够辨别出对直播销售有价值的想法。通常，当某个员工提出一个想法然后大家反应比较强烈，都很赞同的时候，那就说明这是一个比较有价值的想法，便可以记录下来。所以，记录人员一定要认真倾听，仔细辨别。

复盘记录完成后需要对复盘内容进行归档，即保存成文件的形式存放。为了避免文档丢失，建议企业制作一份纸质文档和一份电子文档，电子文档最好可以根据需要多备份几份。

做好复盘记录是为了方便企业随时查看，明确直播中存在的问题以及改进方案。当企业清楚每一次直播的问题并明确改进方案后，就能够有效地规避问题，发挥优势，进而不断地提升直播销售的效果，实现高转化。

第11章 私域流量运营：
流量沉淀，驱动销量爆发增长

　　直播平台的流量属于公域流量，这些流量易获取但也易流失。所以，企业依靠公域流量进行直播销售不是长久之事。企业要想做好直播销售还应当通过一些方式和渠道沉淀私域流量，做好私域流量运营。

1. 私域流量：从用户到粉丝的转化

一场直播销售结束后，不少企业重点关注的是本场直播销售了多少商品，获得了多少利润。但是真正掌握直播销售的底层逻辑的企业不会只关注商品的销量和获得的利润，他们更加关注一场直播销售结束后有多少用户转化为粉丝，即能够沉淀多少私域流量。

私域流量是指从公域、他域（自媒体渠道、平台、合作伙伴等）引流到自己私域（个人自媒体平台、用户群），以及私域本身产生的流量（访客）。私域流量可以进行两次以上连接、触达，即可以反复实现成交。所以，掌握直播销售的底层逻辑的企业更加关注私域流量，并且会将下一步工作的重点放在私域流量的运营上。

私域流量的本质其实就是将直播间的用户转化为粉丝，运营私域流量就是对粉丝的运营。企业只有做好粉丝运营才能沉淀流量，为下一次直播销售做好流量铺垫，促进直播销售转化。

具体来说，私域流量具有如图 11-1 所示的 4 点优势。

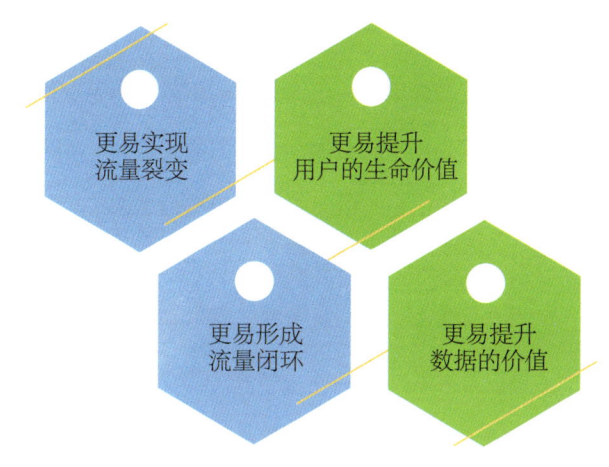

图 11-1 私域流量的优势

（1）更易实现流量裂变

在直播销售的预热环节和直播销售的开场环节我们都曾提到，企业可以采取一些策略促进流量裂变，为直播间引入更多的流量。相比较来说，私域流量比公域流量更加容易实现流量裂变。

公域流量池中的用户都是普通用户，他们的黏性低，对企业的信任感、忠诚度也较低，因此他们一般不会主动发布一些与企业以及企业的直播销售相关的信息，进而很难实现流量裂变。

相反，私域流量池中的用户都是企业的粉丝，甚至是忠诚度较高的"超级粉丝"，他们的黏性高，对企业有很强的信任感，忠诚度也较高。因此，他们通常对企业发布的信息或活动比较感兴趣，并且愿意积极、主动地传播与企业相关的信息，进而容易实现流量裂变。

所以，黏性高，对企业有很强的信任感的私域流量更易实现流量裂变。

(2)更易提升用户的生命价值

用户的生命价值是指用户在生命周期中贡献的总毛利润的平均估计值。简单地说，就是用户在直播间的消费额是多少。相对而言，私域流量更易提升用户的生命价值，提高用户的消费额，因为私域流量能够反复触达用户，让用户反复消费。

例如，某用户是某主播的忠实粉丝，那么该主播每次做直播销售活动的时候，该用户都会在线观看，并且几乎每一次都会在直播间购买一些商品。那么，该用户在该主播的直播间的生命价值就比较高。

(3)更易提升数据的价值

沉淀一定的私域流量后，企业可以通过跟私域用户的沟通做商品调研工作，获取一些数据，然后对用户需求进行精准定位。这项工作对直播销售的选品环节有着非常重要的作用，能够帮助企业选出一些更符合用户需求的商品，进而能够促进直播间的商品转化。

公域流量虽然也可以做商品调研，从中获取一些数据，但是这些数据庞杂且不精准，不利于精准选品。所以相比较而言，私域流量更加能够为数据赋能。

(4)更易形成流量闭环

流量闭环是指可以直接触达流量、运营流量并实现流量变现。

例如，企业建立会员微信群，就可以实现直接触达流量；企业将一些商品的相关信息发送到会员微信群里，就属于运营流量；企业将直播预热信息发送到会员微信群里，会员准时进入直播间观看直播并购买商品，就实现了流量变现。如此一来，就形成了流量闭环。

公域流量很难做到这样的闭环，因为公域流量只能触达和变现，且触达和变现也要看机遇。所以，私域流量更有助于形成流量闭环，促进商品转化，成功实现流量变现。

除此之外，如果能够在私域流量中培养一批非常忠诚且愿意与企业共同创造的"超级粉丝"，那么就能够进一步发挥私域流量的价值，因为这些"超级粉丝"还能反哺成为在公域流量的"冷启动"。

例如，企业入驻了一个新的直播平台，当企业将新平台的直播信息发布到私域流量池时，忠诚的"超级粉丝"不但会积极互动，还会准时进入新平台的直播间观看直播、选购商品，实现企业在新平台直播的"冷启动"。

私域流量对直播销售的价值不言而喻，所以企业要想引爆直播销售的商品销量就不得不采取一些策略和方法将用户转变为粉丝，建立私域流量池并做好私域运营。

2. 引导关注个人微信或企业微信

沉淀私域流量，将用户转化为粉丝最直接、有效的方式就是引导直播间的用户关注个人微信或企业微信。企业需要注意的是，一些直播平台严禁站外引流。如果主播将自己的个人微信二维码或企业的微信二维码直接呈现在直播间的屏幕上，或者将个人微信号或企业微信号直接告知用户，那么很可能会被平台封号。所以，要想引导直播间的用户关注个人微信或企业微信还需要掌握一定的技巧。

（1）如何规范地引导用户添加微信

有些直播平台针对企业账号推出了专属的权限，开通该权限就可以添加企业的官网链接或其他网页链接。网页链接里可以展现个人的微信号或企业的微信号。一般建议留企业微信号，更有利于建立企业私域流量池，避免因为员工离职导致用户流失。如果留个人微信号，那么应当留负责用户运营工作的相关人员或者部门、企业管理者的个人微信号，同时要做好微信号的管理和交接工作。

例如，抖音平台针对企业号推出了添加网页链接的权限。但是并不是注册了企业号就可以开通此权限，企业需要按照如图11-2所示的两个步骤展开操作才能开通此权限并成功引导用户添加微信。

第一步
注册企业账号并申请蓝V，申请成功并启用后才能获得企业号的管理权限

第二步
安排专业人员设计链接页面，且链接页面必须符合抖音平台的规定

图11-2　规范地引导用户添加微信的步骤

抖音平台对链接页面有以下规定：

落地页可开启且务必在手机端兼容，即适合在手机等移动终端中

开启。

落地页中不可以有自动播放的视频或其他没有经用户允许比较严重耗费其数据流量的内容。

落地页不可在方式上剽窃、效仿大网站（包括天猫商城、淘宝网、京东商城等）以至于无法识别其与该等网址的区别。

入口图不可应用偷换概念标志，如出现在入口图右上方的虚报"关掉"标志、入口图的播放按钮及其入口图上的虚报信息未读标志等。

落地页不可伪造客户浏览的页面，强制跳转并唤起别的应用程序。

......

不同的直播平台对不同性质的账号开启的权限不同，因此企业应多摸索、了解直播平台的功能及相关规则，并遵循平台规则，规范地引导用户添加微信。

(2) 个人微信与企业微信好友运营策略

引导用户关注个人微信或企业微信后，企业还要采取一定的策略运营微信好友，否则这些私域流量也无法实现裂变、转化。

个人微信与企业微信好友运营的内容大体是相同的，只是存在一些细微的差别。大体都需要做好以下3件事。

一是打招呼，自报家门。无论是个人微信号还是企业微信号，用户成功添加微信号后，负责人都要主动向用户打招呼，自报家门。例如"你好，我是某企业的某某，欢迎加入我们的大家庭，以后在直播间购物存在任何问题都可以向我咨询"。

但是个人微信号和企业微信号打招呼的方式存在一些不同之

处。个人微信号需要负责人手动输入打招呼的内容或提前编辑然后复制打招呼的内容，而企业微信可以设置添加好友后自动打招呼欢迎语。

"打招呼，自报家门"是微信好友运营的第一步，能够成功破冰，拉近与用户之间的距离。

二是建设优质的朋友圈。对于微信号来讲，朋友圈是其最大的价值。因为大部分用户添加一个新的微信号后会第一时间查看朋友圈的内容，优质的朋友圈的内容会加速用户对企业的信任，也能够在一定程度上决定用户会不会转化为粉丝。

无论是个人微信号还是企业微信号，朋友圈的内容都应包含与企业的直播销售预热、活动、福利等相关的优质内容，以增强用户的信任。

在朋友圈的建设上，个人微信号与企业微信号也存在一些不同之处。个人微信号的朋友圈的内容应灵活、有趣，要将企业的相关信息与个人生活的内容相结合，体现个人特色，让用户感受到朋友圈的背后是一个真实的、有趣的人。这样才能让用户真切地感受到企业的品牌文化与人文文化，进而才有可能将用户转化为粉丝。企业微信号的朋友圈的内容则应全部与企业相关，包括企业的促销活动、直播销售活动、福利等。

三是邀请用户加入粉丝社群。运营微信好友的最终目的是运营社群，因为只有将用户引入私域流量池中，才能最大限度地促进流量裂变，实现商品转化的最大化。所以，无论是添加个人微信还是企业微信，都要将微信好友引入私域流量池中。

通常情况下，跟用户打招呼后便可以发送粉丝社群的二维码，企业微信可以设置自动关注后发送微信社群的二维码，然后可以邀请用户加入粉丝社群。为了激发用户加入社群的热情，可以将社群命名为"粉丝福利社群"，并为用户送上力度比较大的福利，如"入群后即可获得1元抢××商品的优惠券"。具体如何运营粉丝社群可以参考本章第3节的内容。

引导用户关注个人微信或企业微信虽然并非一件非常容易的事情，但是却是一定要去做的事情，因为只有这样做才能沉淀更多的私域流量，为直播销售做好更加充分的流量铺垫。

3. 建立粉丝社群，促进裂变拉新

所谓社群是指以相同的价值观和兴趣集结在一起的固定群组，粉丝社群即对企业或主播感兴趣的人聚集在一起的群组。这种群组聚合度高、交流效率高、行动一致，更加容易为直播销售引流并促进商品转化。

建立粉丝社群不是简单地将用户聚集在一个社群里，而是要建立一个可以进行互动、定期发送福利、解答问题、收集粉丝需求的活跃社群。这样的社群才能够有效地增强粉丝的黏性，成功地解决粉丝的留存和复购问题，为以后的直播销售做好流量铺垫。如表11-1

所示。

表 11-1 建立粉丝社群，促进裂变拉新

多渠道建立粉丝社群，沉淀私域流量	直播平台的"粉丝团" 通过其他平台建立粉丝社群
做好粉丝社群的运营，促进裂变拉新	安排专人维护粉丝社群的活跃度 策划运营活动

（1）多渠道建立粉丝社群，沉淀私域流量

对于一些刚进入直播销售领域的企业而言，刚开始直播的时候粉丝量比较少，不易建立粉丝社群，那么就需要通过多个渠道去引导用户加入粉丝社群，实现全渠道沉淀私域流量。

在上一节的内容中我们提到企业可以通过直播平台或者链接企业的官方网站或其他网页引导用户关注个人微信或企业微信。当用户关注个人微信或企业微信后，企业就可以建立一个微信群，将这些用户都加入微信群中，更好地沉淀私域流量。

除此之外，直播团队还可以通过以下两个渠道建立粉丝社群，沉淀私域流量。

一是直播平台的"粉丝团"。有些直播平台可以直接引导粉丝关注"粉丝团"，这个"粉丝团"也就是我们所说的粉丝社群，如图 11-3 所示。

有些平台，用户申请加入"粉丝团"还需要支付一定的费用。支付费用加入"粉丝团"的用户其黏性往往比普通的粉丝更强，更加有利于直播销售转化。所以，企业可以通过平台的"粉丝团"建立粉丝

社群。

二是通过其他平台建立粉丝社群。除了直播平台外，企业也可以通过一些其他自媒体平台建立粉丝社群，如微博、今日头条等。

粉丝社群较多不便于管理，所以建议企业将各个渠道的粉丝社群都集中到一起，然后统一建立一到两个微信粉丝群。这就需要企业将其他社群的粉丝引流到微信群中。具体运营几个粉丝社群，在哪些平台建立粉丝社群应根据主播或企业的实际情况而定。

此外企业还可以在发货的时候附带企业微信二维码，

图 11-3　主播左左的某平台的"粉丝团"

引导用户扫二维码添加企业微信。粉丝成功添加微信后，企业可以再邀请用户加入粉丝社群。

建立粉丝社群的渠道或许还有很多种，这就要求直播团队积极地探索，尽可能多地寻找渠道，建立规模更加大的粉丝社群，实现全渠道引流，沉淀更多的私域流量。

（2）做好粉丝社群的运营，促进裂变拉新

有些企业会抱怨"我们通过各种渠道建立了粉丝社群，但是为什么这些群跟没有一样""我们建立了粉丝社群，每次直播的时候还会在群里发布预热信息，为什么还是没有人进入直播间观看直播"，这很可能是因为企业只是将粉丝社群当成了一个简单的粉丝聚集地。实际上，建立粉丝群不只是简单地将粉丝聚在一起，其本质在于粉丝运营，即通过一定的策略和方式活跃粉丝社群，促进流量裂变，发挥粉丝社群的价值。

一是安排专人维护粉丝社群的活跃度。如果企业已经成立专门的直播部门或团队，那么可以安排专业的人员对粉丝社群进行维护。如果企业规模较小，尚未建立直播部门或团队，考虑到人员成本问题，可以安排一到两名员工通过书籍或网络课程学习有关粉丝社群维护方面的知识，做好粉丝社群的维护、运营工作。

二是策划运营活动。为了提高粉丝社群的活跃度，粉丝社群内应定期策划一些活动。否则，建立粉丝社群很容易沦为一个形式主义。活动的方式通常是针对粉丝发放一些特别的福利。例如，在直播间购买商品后将订单截图发布到社群里可以获得一些赠品，或者在粉丝社群里发布一些粉丝专属优惠券，该优惠券可以用于下一次直播销售中。这些活动不仅可以有效提升社群的活跃度，还能够为下次直播销售做好流量铺垫。

粉丝社群是一个有目标、有核心，聚合能力、传播能力较强的群组，这样的群组不仅能够释放自己的购买力，还能够影响、带动身边的人，成功地促进裂变拉新，从而实现商品转化的最大化。所以，企业要想促进流量裂变，提升商品的转化率，就不得不建立粉丝社群并做好粉丝社群的运营。

4. 运营视频号，让流量持续变现

视频号是指微信视频号，是2020年1月22日腾讯公司官方微博正式宣布开启的内测平台，也是一个全新的内容记录与创作平台。具体来说，视频号具有以下5个特点。

一是位置在微信的发现页内，在朋友圈入口的下方，能够增加用户点击频率。

二是视频号的内容以图片和视频为主，可以发布长度不超过1分钟的视频，而且还可以添加公众号文章的链接。

三是视频号的内容可以直接转发到朋友圈，获取私域流量的成本较低。

四是视频号是信息流的呈现方式，社交关系更强。

五是视频号的推算方法是以社交关系为主，当微信好友点赞某个视频号上的作品后，该视频号关联的微信号的朋友的其他好友也能看到。

从视频号的以上几个特点可以看出，视频号是一个兼具社交属性和算法推荐机制的平台，有效突破了微信强关系社交的公共关系链，能够使视频号上的作品获得更多的流量,无论是做视频销售、打造闭环流量,还是品牌提升知名度都有巨大的机会。所以,企业要想沉淀更多的私域流量,并让流量持续变现就一定不能错过社交领域潜力较大的私域流量池 —— 视频号。

相较于其他短视频平台来说,视频号似乎是一个"新兴物种"。这个"新兴物种"同样具有两面性:一面是机遇,另一面是挑战。机遇是指视频号是以私域流量为主,挑战则是指刚涉足该领域的企业不知道如何去运营才能沉淀更多的私域流量,让流量持续变现。

所以,企业一边在为有这样的机遇欢呼的时候,一边也要做好功课,掌握视频号的运营技巧。

(1) 发动"朋友"的力量

点击进入视频号后会发现页面正中间有一个"朋友"的操作栏,如图11-4所示。

图11-4 视频号页面的"朋友"操作栏

这个操作栏中显示的作品都是微信好友点赞过的视频。也就是说

第11章 私域流量运营：流量沉淀，驱动销量爆发增长

微信好友点赞过的视频会推送给该好友的其他微信好友。这就是私域流量裂变的一种方式。企业要想通过这种方式获得更多的流量，最为简单、直接的方式就是将视频号的作品转发到微信朋友圈，并引导微信好友点赞、关注该视频号。

除了朋友圈外，也可以将视频号的内容直接转发给微信好友或微信群，并引导微信好友或微信群里面的好友点赞、关注该视频号。如果视频号的内容质量较高，且能够给用户带来价值，那么微信好友或者微信群里的好友也会认可该视频号，并且愿意主动、积极地进行传播，视频号的流量也会随之越来越多。

更为关键的一点是，视频号有直播功能且可以直接把直播链接分享到朋友圈或微信好友，微信好友只要点击页面就可以进入直播间观看直播内容，如图11-5所示。

这也是一种较为简单、直接的沉淀私域流量、为直播销售导流的方式。

总之，企业一定要学会发动"朋友"的力量，通过各种方式为视频号引流，

图 11-5 直播链接分享到朋友圈的界面

促进私域流量持续裂变。

(2)视频号与公众号相互导流

发布视频号的时候还可以添加扩展链接,扩展链接中直接添加公众号文章链接,如图11-6所示。

⚑ 活动 〉
⊚ 所在位置 〉
⌘ 扩展链接 〉

扩展链接 添加
支持添加公众号文章链接或当前视频号创建的红包封面链接

将公众号文章链接粘贴在此处。

图 11-6 视频号中的扩展链接

也就是说,如果企业的微信公众号有一定的粉丝基础,那么就可以在发布视频号时链接公众号文章。在公众号文章的底部也可以添加上视频号的二维码,这样可以起到双向导流的作用。

这种视频号和微信公众号相互导流的方式非常适合微信公众号粉丝体量较大的企业。公众号上的粉丝可以有效帮助企业助推视频号,而视频号上面新增加的粉丝也会导流到公众号上,能够使得私域流量的价值最大化。

此外,将视频号的流量引流到公众号之后,还可以通过公众号将这些流量引流到个人微信号,如在微信公众号下方留下个人微信号的二维码或微信号。将流量引流到个人微信号后,还可以建立私域流量群,进一步沉淀私域流量。

(3)垂直领域并持续深耕

某个微信号点赞过的视频会推荐给其微信好友,这种推荐机制属于视频号的社交算法推荐。此外视频号还有一种推荐算法是兴趣算法推荐。如图11-7所示。

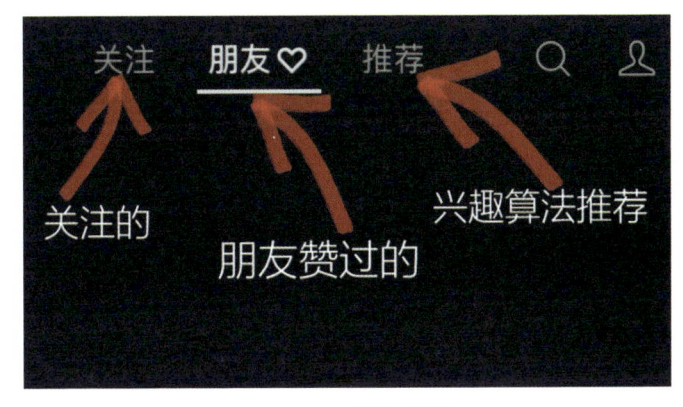

图 11-7　兴趣算法推荐

兴趣算法推荐是指视频号的后台系统会根据用户以往对视频内容的喜欢,为用户推荐视频内容。这部分的内容就是"推荐"栏中的内容。视频号的内容越垂直、更新频率越高,用户的反馈越好,作品也越能被推荐到更大的流量池,沉淀更多的私域流量。这也是为什么企业在运营视频号的时候一定要在垂直领域持续深耕的原因。

视频号几乎已经实现了和微信号的生态全面打通，用户可以从聊天、群聊、朋友圈、微信公众号文章直接跳转到视频号，也可以从视频号直接跳转到微信公众号文章。相较于其他短视频平台而言，视频号沉淀私域流量的速度更快，且成本也更低。所以，企业要想沉淀更多的私域流量，为直播销售做好流量铺垫，促进流量持续变现就一定不能错过视频号。

5. 分层运营：设计不同的用户运营策略

当已经累积了一定的私域流量后，怎样才能持续促进私域流量的活跃度以及转化效果，使得私域流量的价值最大化呢？

答案是分层运营。所谓的分层运营是指根据用户的画像以及通过企业的用户历史行为数据沉淀，再根据企业的经营目标，更加精准地经营私域用户，实现用户分层筛选和触达闭环，提升私域用户经营效率和转化效果的一种用户运营方式。简单地说，就是针对不同的用户采取不同的运营策略。这种"对症下药"的方式能够在一定程度上激活私域用户，提升私域流量的转化效果。

（1）基于私域用户的特征进行分层

分层运营首先要做的是基于私域用户的特征进行分层。通常情况下，企业在对用户进行分层管理的时候可以按照是否留存、是否购买以及活跃度和传播能力等几个层面设计不同的运营策略，重点提升用户的整体活跃度和转化率。

留存用户。企业通过一定的方式吸引、沉淀的私域流量并不是会一直待在私域流量池中，有些流量可能还会流失，而那些留下来的我们就称为"留存用户"。但是，这些留存用户只是没有流失，并不一定会观看直播或者在直播间购买产品。一般来说，留存用户的特点是活跃度较低，转化率较低。

已经购买或复购的用户。顾名思义，就是已经在直播间购买或者复购的用户。这类用户的特点是对产品和主播有一定的信任感，比留存用户的活跃度和转化率高。

活跃度高、传播能力强的用户。这类用户可以称为企业的"超级用户"，他们对产品、品牌和主播都极为信任，且不仅会自己购买以及复购产品，还会积极、主动地推荐身边的人进入直播间购买产品。这类用户是企业要重点关注的用户。

以上是企业常用的用户分层的方法。除此之外，企业还可以根据用户的身份、年龄、职业等特征进行分层。只要分层的方法适合企业的用户特征、方便管理即可。

(2) 推送不同的定制化内容

对用户进行分层后，下一步要做的就是根据不同的层级用户特征推送不同的定制化内容，以达到个性化推送的目的。

留存用户。这类用户的特征是活跃度和转化率都较低，且随时可能成为流失用户。针对这类型的用户，企业推送的内容应包含以下几个方面。

一是展示产品价值的内容。能够为用户提供价值的产品才是吸引用户长期留存并转化的关键，因此针对留存用户，企业应当多向他们推送展示产品价值的内容。例如，"××产品的三大核心价值"的短视频。

二是趣味活动。如果只是推送一些展示产品价值的内容，未免会让用户觉得太枯燥，导致用户流失。因此，针对留存用户还应当推出一些趣味活动。例如，签到打卡，用户只要每天在群里签到打卡，便可以获得一定的积分，该积分可以直接兑换成抵用券，可以在直播间购买产品时使用。再例如，定时推送一些限时免费活动也可以激发留存用户的活跃度，提高留存率。

总之，对于留存用户，企业要做的是让他们看到产品的价值以及相关福利。这样做才能提高该类用户的留存率和活跃度。

已经购买或复购的用户。这类用户的特征是对产品和主播有一定的信任感，且活跃度和转化率都比留存用户高。针对这类用户，企业推送的内容应包含以下两个方面。

一是及时推送新产品。已经购买或复购的用户通常对企业的产品比较感兴趣，因此，有新产品上市应及时将相关信息推送给这类用户。

例如，"上次购买的产品还满意吗？这次我们又为您挑选了几款新的产品，喜欢可以锁定今天20:00在直播间进行购买。"

二是预告和直播相关的福利。无论是留存用户还是已经购买或复购的用户，他们都会因为福利而变得更加活跃。然而，和留存用户不同的是，已经购买或复购的用户更关心下次在直播间购买产品可以获得哪些福利。所以，为了进一步提升已经购买或复购的用户的活跃度和转化率，可以向该类用户推荐一些和直播相关的福利信息。

例如，3月8日某某直播间预告：某品牌多功能洁面乳将在某某主播的直播间进行售卖，限时超值礼赠××产品30毫升＋同款多功能洁面乳50毫升，礼品总价值142元。

对于已经购买或复购的用户来说，"我还可以购买什么产品？""我再次购买产品时有什么福利？"是他们更关心的事情。新产品上市、直播福利预告等信息更能够提高他们的活跃度，同时也能够促使他们购买更多的产品。

活跃度高、传播能力强的用户。这类用户是企业的"超级用户"，他们不仅自身较活跃，转化率较高，还具备超强的传播能力。对于这类用户，企业要做的是将一些具有传播价值的内容推荐给他们。

例如，"发光玩家召集令来袭！某月某日到某月某日期间参与＃美白那点事＃有奖话题活动，晒出你的美白好物并分享使用心得，即有机会赢取全新保湿精华正装，即刻点进链接参与吧！"。

推送这样的内容给活跃度高、传播能力强的用户，一方面可以进一步提高这类用户的活跃度，另一方面可以促进这些内容进行精准传播，获得更多的流量。

以上列举的是3种常见的分层方式及分层运营策略。实际上，无论采取哪一种方式对用户进行分层都必须明确每层用户的特征，然后才能根据这些特征制定针对性的运营策略。只有这样才能充分挖掘每一位用户的价值，不断扩大私域流量池，全面提升私域流量的价值。

6. 设立"首席聊天师"岗位，和用户保持高质量互动

互动是私域流量的抓手，更是私域流量裂变和转化的有力工具。实际上，一些企业已经认识到与私域用户互动的重要性并且也采取了一些方式与用户进行互动，但是实际效果与理想效果相差甚远。这其中的差距就在于互动的有效性跟无效性。

一些企业在与私域用户进行互动时，通常采取的方式是将产品的各种促销信息、活动发布到用户群里，或者群发给每一位用户。我们可以将这种互动方式称之为"广告轰炸"，任何一个用户都难以长期忍受这种方式。久而久之，他们就会从私域用户转变为流失用户。这就是无效互动。

与无效互动相对应的就是有效互动。有效互动是与用户保持高质量的互动，是指用户加入私域流量池后，企业通过一些方式持续与用户进行友好互动，不但在互动中构建起信任关系，还实现了转化和复购。这种有效互动才能够进一步帮助企业沉淀私域流量，促进私域流量的裂变和转化。

那么，如何才能实现有效互动？较为简单、直接的方式就是设立"首席聊天师"这一岗位，和用户保持保高质量的互动。

"首席聊天师"是互联网时代或者说直播销售时代的一个新兴岗位，也是能够辅助做好私域运营的岗位之一。"首席聊天师"的核心职责是探索不同的互动模式，构建高质量的互动流程，并指导聊天员有序和用户进行互动。

这种工作看似简单，但不像我们日常通过个人微信聊天那样，还需要懂得如何熟悉用户，了解用户的行为，并在此基础上将这些行为标签化，为后续的流量转化做好铺垫。

那么，什么样的人才能胜任这个重要的岗位呢？"首席聊天师"的胜任能力模型如图 11-8 所示。

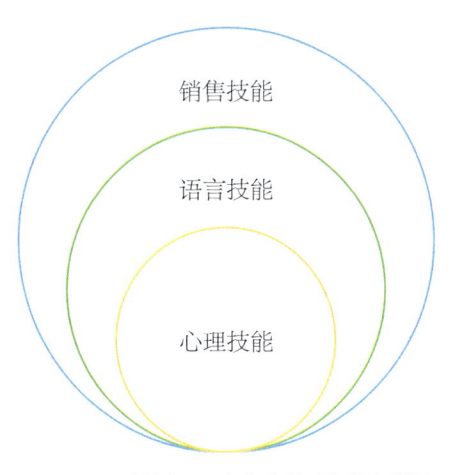

图 11-8 "首席聊天师"岗位胜任能力模型

沉淀私域流量的目的是为直播销售做好流量转化，其本质就是销售，所以"首席聊天师"必备的首要技能是销售技能。销售技能是一个比较宽泛的概念，既要求销售人员掌握产品相关的知识以及行业属性，也要求其懂得用户心理，并且知道采取什么样的表达方式跟用户进行沟通，进而为用户匹配满足其需求的产品。所以，"首席聊天师"不仅要掌握基本的销售技能，还要掌握一定的语言技能和心理技能。

(1) 销售技能：懂产品、懂行业

销售就是为用户提供满足其需求的产品。只有当"首席聊天师"对企业所有的产品有全面、充分的了解时，才能为之匹配目标用户。所以，懂产品是销售技能的基本技能，也是较为关键的技能，能够在一定程度上影响产品的转化率。

懂产品也是"首席聊天师"能够更好地和用户进行互动的基础。用户和企业互动的核心是产品，比如咨询产品的使用方法、反馈产品使用的问题等，如果"首席聊天师"不懂产品，将很难为用户提供满意的解答，那么就谈不上高质量互动。

何谓"懂产品"？对于一名"首席聊天师"来说，对产品的了解不能仅仅停留在产品的外观，如型号、颜色上，还要能够清楚地向用户描述产品的性能、操作方式、优势、品牌、市场地位等。向用户清楚传达这些信息一是能够体现"首席聊天师"的专业度，二是能够展示产品的价值，这些都能够进一步提升用户的信任感，激发用户对产品的购买热情。

除了要懂产品外，"首席聊天师"还要懂行业。

不同的行业有不同的行业属性，只有深入了解行业的属性、本质，才能更加准确地把握市场行情，并针对性地制定用户管理策略，进一步激发用户的潜力。所以，作为"首席聊天师"应深入了解并掌握自己所在行业的行业属性、本质以及相关的行业知识。

例如，自媒体行业的属性是个性化、大众化、平民化、传播速度快、交互性强。了解到自媒体行业的特性后，就可以基于此定制有价值的内容推送给用户，并采取一些方式传播内容，进而裂变更多流量。

(2)语言技能：懂沟通

"首席聊天师"从字面解读这个岗位就是要会聊天、沟通，因此需要掌握一定的语言技能。这里的语言技能不是指简单的聊天、说话，而是指通过语言准确、迅速地传达信息。

语言技能较强的人都懂得如何通过深入沟通去维系、经营与用户之间的关系，进而能够与用户之间建立强信任关系。这种强信任关系是沉淀私域流量，促进流量转化的关键因素。所以，作为"首席聊天师"必须具备语言技能。

"首席聊天师"的语言技能主要体现在以下3个方面。

语言简洁、明了。具备语言技能的"首席聊天师"在与用户进行沟通的时候都会简洁、明了地表达自己，这样更加容易让用户感觉舒适，进而能够促进流量转化。

表达具有逻辑性。表达能力强的人在与用户进行沟通的时候，能够做到表达的逻辑清晰、连贯，思想层次分明，将信息准确地传递给用户。

使用积极的语言表达。与用户进行沟通是为了提高用户活跃度，促进用户转化，所以要多使用积极的语言表达，以激发用户的积极性和兴趣。因此，语言技能较强的"首席聊天师"在与用户的聊天中常常会采用"对""很棒的想法""你很有眼光"等肯定的表达方式。

语言是一种技能，更加是一门艺术，懂得通过语言技能有效传达信息的人，更加能够获得用户的喜欢和信任。所以，作为"首席聊天师"不仅要掌握一些基本的语言技能，更要懂得在这门艺术上进行深入探究，以不断提升自己的语言技能，进而打动用户，促进流量转化。

(3)心理技能：懂用户

销售就是为用户提供满足其需求的产品。要想满足用户的需求就必须懂得用户的需求是什么，这也是成功销售的前提。所以，"首席聊天师"除了要懂产品、懂行业、懂沟通外，还要懂用户。只有满足用户的需求，用户才会选择购买产品，流量才能转化，直播销售才能成功。

要想做到真正地懂用户，就要求"首席聊天师"通过跟用户的沟通或其他方式收集的相关信息、资料、数据等，对用户的需求、偏好、行为进行综合分析，并提炼成标签，如"20岁的张女士，偏好蓝色，复购用户"。提炼标签后，就可以为用户匹配满足其需求的产品，促进成交。

心理技能涉及心理学方面的知识，而心理学是一个涉及认知、情绪、行为等许多领域的广泛学科。也就是说，"首席聊天师"要想提升心理技能，更加懂用户的需求，还需要通过一定的方式去学习心理学相关的知识。

在企业流量池构建越来越大的范畴下，服务型岗位的需求会越来越大,作用也越来越大。"首席聊天师"就是未来需求很大的一个岗位,能够提升与用户互动的质量,构建强信任关系,促进流量裂变、转化。所以,企业在运营私域流量的时候不妨尝试设立"首席聊天师"岗位,提升互动质量。

7. 建立"私域增长能力模型"

业界将沉淀私域流量并通过流量转化变现的这种盈利模式称之为"私域经济"。"私域经济"不同于"公域经济"要花大量的资金购买流量,其核心目标是企业要从产权的高度上真正拥有"用户"这个最有价值的资产,并不断提升为单个用户创造更丰富价值的能力。

2020年11月27日,从事私域流量运营的某科技有限公司的生态大会上,该公司的首席执行官宣布,2020年前三季度,该公司服务商家的交易额已经达723亿元,2020年全年交易额破1000亿。该公司因此正式跨入"千亿俱乐部"。

该公司的联席总裁表示,1000亿是一个阶段性的成果,是社交电商和私域经济登上舞台的结果,也是一个全新的开始,一个数字化大舞台的有利开始。

许多企业为了提升产品销量,促进产品变现都在积极布局"私域经济"。但是"私域经济"不是人人都能进来分一杯羹。企业要想从"私域经济"分一杯羹,要学会建立"私域增长能力模型",以更好地运营私域流量，促进"私域经济"不断地增长。

"私域增长能力模型"其实就是"私域流量"运营的3个关键指标，分别是私域产权力、单个用户价值度、用户推荐率，如图11-9所示。

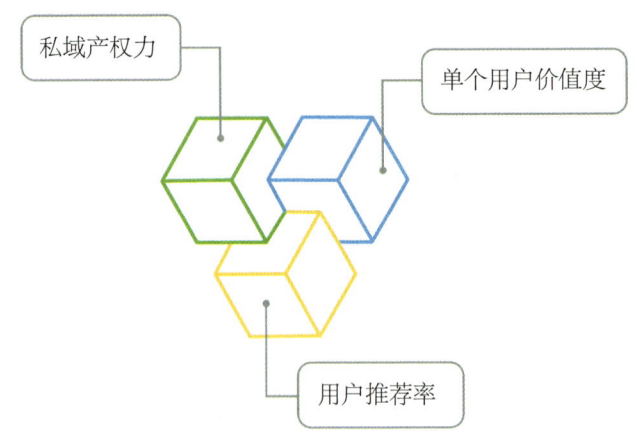

图 11-9　私域增长能力模型

（1）私域产权力

所谓"私域产权力"是指将私域流量变成企业的产权。具体来说，私域产权力与以下两个因素息息相关。

一是建立连接用户的数量。企业跟越多的用户建立连接，能够沉淀的私域流量也就越多。这是企业搭建私域流量池的重要工作，也是私域产权力的重要组成部分。

二是企业信息触达用户的能力。如果企业能建立各种触点，如微信社群、微信公众号、小程序、视频号等私域流量的触点，那么企业信息触达用户的能力就比较强。

无论是连接用户的数量还是企业信息触达用户的能力都与触点有

关,触点建设越多,能够连接用户的数量就越多,企业触达用户的能力也越强。为此,一些企业开始尝试全渠道营销,从各个渠道进行引流获客。有效实现了公域获客,再沉淀到私域,进一步提升了企业的私域产权力。

(2)单个用户价值度

私域流量的本质其实并不是流量,而是回归用户运营,让用户不断地产生复购、产生真正的生命周期价值。复购率和用户生命周期的总价值就构成了单个用户价值度,用一个公式表示就是:

单个用户价值度 = 单个用户的全生命周期总价值 × 复购率

单个用户的生命总价值意为单个用户的终身价值,是指企业从与该用户的互动中得到的全部经济收益的总和。单个用户的生命总价值能够衡量单个用户能够为企业创造的价值。

复购率是"重复购买率"的简称,是根据用户对某一产品或服务的重复购买次数计算出来的比率。复购率能够反映出用户对该产品或服务的忠诚度,复购比率越高则用户的忠诚度越高。

以上两者都是影响单个用户价值度的关键因素。单个用户价值度越高,意味着流量转化率越高,且获得的收益越高。因此,企业要想促进"私域经济"持续增长就必须重视单个用户价值度并深挖单个用户价值。

实际上已经有一些企业在积极布局这件事了,采取了一些措施深挖单个用户价值。挖掘单个用户价值的根本在于用户运营,企业可以从以下3个方面布局。

一是满足用户需求。关注用户消费的整个过程，从中识别用户的需求并采取一定的方式满足其需求，提升用户的转化率。

二是通过分层运营激活用户需求。在本章的第 5 节我提到了分层运营，企业可以采取分层运营的方式激活用户需求，唤醒沉睡用户，召回流失用户。

三是制造用户需求。真正懂得挖掘单个用户价值的企业不仅懂得满足用户需求、激活用户需求，更加懂得为用户制造需求。例如发起纪念日活动，某快餐品牌曾在大暑节气发起了"薯条节"活动，成功地为用户制造了需求。

深挖单个用户价值的核心其实就是深挖用户需求，这些需求包括能看见的实际需求和看不见的潜在需求。满足了他们的需求，单个用户的全生命周期总价值和复购率都会进一步提升，"私域经济"自然能够迅速增长。

（3）用户推荐率

用户推荐率是指通过老用户推荐带来新用户的能力，也可以称之为裂变能力，也是影响私域增长的关键因素。

知名的推销员约瑟夫·萨缪尔·吉拉德（Joseph Sam Girardi）曾总结出一个"250 定律"。根据该定律的理论，每一位用户身后，大概有 250 名亲朋好友，这些人都可以成为你的潜在用户。如果不把用户当作一桶石油而当作一座油田，让用户自愿为企业介绍新用户，企业将获得源源不断的石油，再也不会为没有用户而发愁了。

老用户推荐带来新用户不仅可以帮助企业减少从新用户那获取信

任的时间和成本，还能够形成口碑效应，带来连锁反应，使企业的私域流量和利润可以成倍增加。所以，已经积累了一些私域流量的企业开始积极探索如何提升用户推荐率，以促进"私域经济"增长。

通常来说，影响用户推荐率的因素有以下3个。

一是产品本身的价值。能够留住老用户并促进他们推荐新用户的一定是产品本身的价值。所以，要提升用户推荐率就必须不断地提升产品的性价比，让用户相信企业的品牌和产品，满意企业的服务。

二是附加价值。附加价值是指企业为用户提供的一些服务的价值，例如，只要购买企业的某款产品可以享受一次免费的汽车保养服务。

三是用户的人脉圈。一个善于社交的用户跟一个不善于社交的用户，其用户推荐率肯定是不同的。企业要想提升用户推荐率就应该重点关注那些较活跃，社交关系较广的用户。

用户推荐是一个开发成本低、建立信任快、效率高的促进流量裂变的有效方式。对于企业来说，一定要学会利用自身的用户资源，通过老用户裂变出更多的新用户，沉淀更多的私域流量，进而促进"私域经济"不断地增长。

"私域经济"的底层逻辑其实就是对私域用户进行精细化的运营，其本质就是用户数据资产管理。也就是说，私域经济的核心是用户。因此，企业要想促进私域经济持续增长就需要把重心放在用户身上，建立"私域增长能力模型"，通过连接、触达用户，满足用户的需求，老用户推荐新用户等方式裂变流量，实现变现。

8. 私域直播：企业利润增长的利器

企业在最初进入直播销售领域时，一般都会邀请一些头部主播进行合作，然而头部主播为了给自己的粉丝谋取福利，在跟企业洽谈商品的价格时通常会将商品的价格一再往下压，导致很多商品在直播间的价格远远低于市场价，甚至低于成本价。这样做虽然能够在短时间内提升商品的销量，但是长此以往，往往会导致品牌价值受损。

理想的直播销售应当是品效合一，既能提升商品的销量，也能够提升品牌价值。所以，越来越多的企业意识到一味地邀请头部主播在公域平台做直播销售并不是长久之计。有前瞻性的企业在用好公域直播的基础上，已经开始大力布局私域直播。

私域直播是指通过一些平台在自己的私域流量池进行直播销售。例如，微信小程序直播、视频号直播等。公域直播需要从公域中获取流量或者花钱购买流量，而通过微信小程序、视频号这样的平台进行私域直播能够让企业不受限于平台方，进一步激活自己长期积累的私域流量。

某从事家纺经营的企业一直在私域直播方面进行积极的探索，采取企业总部与门店联动的形式，在企业内部挖掘镜头感强和销售能力强的员工（包括高管）进行直播销售。该企业甚至成立了专门的"直播研究院"，要在未来几年为企业和家纺行业输出1000名新媒体网络主播，参加培训的主播均将从门店导购中择优选择，打造私域主播库。

2020年3月14日，该企业进行了一场主题为"万人拼团抢工厂"

的私域直播，在线观看人数超过60万人次，最终销售额突破2500万元。在私域直播的加持下，2020年4月该企业的线上业务增速超过100%，营收占比迅速提升30%以上。

从该家纺企业的线上业务的增速和营收占比可以直观地看到私域直播的潜力和威力。所以从某种程度可以说，私域直播是企业利润增长的利器。

具体来说，私域直播有如图11-10所示的4个特征。

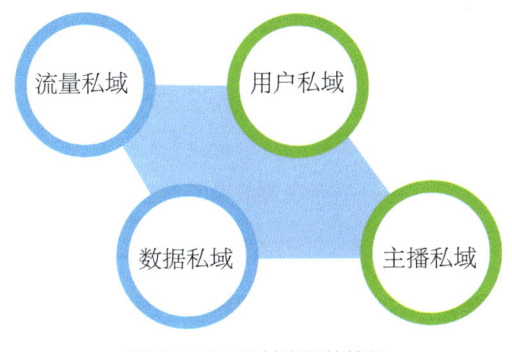

图11-10 私域直播的特征

（1）流量私域

企业不再依赖于某个平台或者某个主播，而是基于自有小程序或私域流量池做直播销售。这样一来，直播间的用户都是私域流量。

（2）用户私域

企业与头部主播合作开展直播销售基本不能沉淀用户，即便能沉淀用户，也只会沉淀到主播的平台账号上。但是私域直播面向的是私域流量，用户也都是私域的。这些私域用户甚至能够裂变出更多的用户，沉淀到企业的私域流量池中。

（3）主播私域

企业的私域直播不再依赖平台的主播，特别是头部主播或一些影响力较大的主播，而是自力更生。企业的员工或管理者全员参与直播，甚至还可以邀请经销商或合作企业加入到直播销售中。这样做既可以解决直播销售成本高、利润低、降低品牌价值等问题，还可以避免为他人作嫁衣。

（4）数据私域

直播销售结束后，直播平台可以沉淀部分数据，但是能够沉淀什么样的数据还是平台说了算。如果企业建立私域直播间进行私域直播销售，那么就能实现私域数据沉淀。沉淀私域数据不仅便于直播销售结束后的复盘工作，还可以与企业的业务数据相结合，在直播销售的选品、商品推荐、用户留存等环节实现全链路数据驱动。

所以，私域直播是一个能够有效聚合私域流量，沉淀私域用户和数据，培养私域主播的直播方式。这种方式能够真正地去中心化，让企业在直播销售中更加有自主能力和自控力，可以更好地传播品牌价值，实现品效合一。

做私域直播比较合适且效果较好的平台是微信。微信在2020年初已经积极在做小程序直播测试，一些服务商也很快完成了小程序直播的插件对接。在直播销售的过程中，微信平台不会进行任何干涉，还会提供小程序、微信支付、企业微信等基础设施支持。

除了可以通过微信小程序进行私域直播外，还有一个更加便捷地进行私域直播的方式——视频号直播。2020年10月2日起，视频号推出了新功能——发起直播。视频号直播不同于微信小程序直播，它可以直接从朋友圈以及微信好友中引入流量，其私域流量的转化空间可想而知。正因如此，越来越多的企业开始借助视频号进行私域直播，旨在进一步促进企业利润增长。

此外，微信社群内部也可以直接进行直播，能够实现真正意义上的私域直播，如图11-11所示。

无论是微信小程序直播，还是视频号直播或社群直播，只要背靠微信这个上亿用户的资源靠山，能够实现超级触点的平台，都可以为直播销售做好充足的流量铺垫。

公域流量的用户留存是一个非常大的问题，导致直播热度持续成为一件非常困难的事情。相反，私域直播能够更好地解决用户留存问题并形成良性循环。每

图11-11 微信社群的群直播

一次私域直播都能沉淀用户，而且每一次直播又能实现品牌与用户的互动，如此一来就能够进一步实现流量裂变、沉淀，进而能够促进每一次直播销售的转化。

所以，企业不能只为了短期的利益而一味地花高价邀请头部主播或花钱购买公域流量进行直播销售，还要学会建立私域流量并在私域流量池进行直播销售，把握好直播销售的新趋势，借势而上。